A ESCOLA DIANTE DA DIVERSIDADE

Mary Rangel
(Organizadora)

Marcio Caetano e Jonas Alves da Silva Junior

A ESCOLA DIANTE DA DIVERSIDADE

wak editora

Rio de Janeiro
2013

Gerente Editorial: Alan Kardec Pereira
Editor: Waldir Pedro
Revisão Gramatical: Lucíola Medeiros Brasil
Capa e Projeto Gráfico: 2ébom Design
Capa: Eduardo Cardoso
Diagramação: Flávio Lecorny

Dados Internacionais de Catalogação na Publicação (CIP)

C13e
Caetano, Marcio
A escola diante da diversidade/ Marcio Caetano, Jonas Alves da Silva Junior; organizadora Mary Rangel. - Rio de Janeiro: Wak Editora, 2013.
108p.:21cm

Inclui bibliografia
ISBN 978-85-7854-256-6

1. Educação. 2. Educação inclusiva. 3. Pedagogia crítica. I. Silva Junior, Jonas Alves da. II. Rangel, Mary. III. Título.

13-02131 CDD 370.115 CDU: 37.017

2013

WAK EDITORA

Av. N. Sra. de Copacabana 945 – sala 107 – Copacabana
Rio de Janeiro – CEP 22060-001 – RJ
Tels.: (21) 3208-6095 e 3208-6113 / Fax (21) 3208-3918
wakeditora@uol.com.br
www.wakeditora.com.br

Diante do anseio de construirmos uma sociedade e uma escola mais justas, solidárias, livres de preconceito e discriminação, é necessário identificar e enfrentar as dificuldades que temos tido para promover os direitos humanos e, especialmente, desestabilizar e submeter a homofobia. (Rogério Diniz Junqueira, 2009, p. 13)*

*JUNQUEIRA, Rogério Diniz. Homofobia na escola: um problema de todos. *In*: ______. *Diversidade sexual na educação*: problematizações sobre a homofobia nas escolas. Brasília: Ministério da Educação, Secretaria de Educação Continuada, Alfabetização e Diversidade, UNESCO, 2009, p. 13-52.

Sumário

Apresentação

Esta Coletânea reúne estudos sobre a escola diante da diversidade, cujas manifestações nesse contexto interpelam modelos uniformes, hegemônicos e hierárquicos do ser humano, que justificam e promovem discriminações, exclusão social e expressiva dimensão de violências, cujos tipos e índices, conforme são apresentados neste trabalho, desconsideram princípios fundamentais de direitos humanos. A Coletânea é organizada a partir de pesquisas dos autores dos seus três capítulos.

OS CAPÍTULOS E AS PESQUISAS QUE OS MOTIVARAM

Mary Rangel

As pesquisas que motivaram esta Coletânea afinam-se em seus subsídios à discussão humana, socioeducacional, histórica, cultural e política da diversidade, com atenção a dois focos de análise: o primeiro é o de seus impasses na escola, decorrentes de dificuldades de compreender, respeitar e incluir o "diferente", respeitando sua autonomia; o segundo é o da significativa acentuação desses impasses e suas complexidades, quando se referem a questões de gênero e sexualidade. Os resultados e as reflexões suscitadas por essas pesquisas são sintetizados, em seguida, nesta apresentação de cada capítulo.

O primeiro capítulo, que se intitula "Desigualdade e seus efeitos na autorrepresentação" é motivado pela pesquisa "Temas da diversidade na escola e na literatura" (RANGEL, 2012), implementada com apoio do CNPq, no Programa de Pós-Graduação em Educação da Universidade Federal Fluminense/PPGE/UFF, articulando-se com a Linha de Pesquisa sobre Informação e Educação em Saúde do Programa de Pós-Graduação em Ciências Médicas da Universidade do Estado do Rio de Janeiro/ PGCM/UERJ.

Nessa pesquisa, a entrevista com professores evidenciou, sobretudo, a invisibilidade dos sujeitos e dos temas da diversidade sexual nas cinco escolas que construíram o *locus* da parte empírica.

Com a mesma motivação temática, iniciou-se, em 2013, na Universidade do Estado do Rio de Janeiro a implementação de dois outros projetos, ambos vinculados à Linha de Pesquisa sobre Informação e Educação em Saúde do Programa de Pós-Graduação em Ciências Médicas/PGCM: o Grupo de Pesquisa (UERJ/CNPq) e o projeto de pesquisa que introduz as atividades do Grupo, ambos com o mesmo foco temático da *"Saúde social:* diversidade, inclusão, resiliência" (RANGEL, 2013) e com o mesmo interesse em aprofundamento de estudos críticos de concepções e práticas, de acordo com perspectivas culturais, históricas e políticas. O grupo e o projeto atenderam, também, à Lei n.º 10.558, de 13 de novembro de 2002, que "cria o Programa Diversidade na Universidade" e, no seu artigo 2º, incentiva "projetos inovadores".

O segundo capítulo, sobre "*Gênero, sexualidade:* diálogos e conflitos", de Marcio Caetano, decorre de duas pesquisas: uma que constituiu sua Dissertação de Mestrado sobre "Os *gestos do silêncio*: para esconder a diferença", concluída em 2005, e outra, que foi a sua Tese de Doutorado sobre "*Gênero e sexualidade*: um encontro político com as epistemologias de vida e os movimentos curriculares", concluída em 2011, ambas implementadas no Programa de Pós-Graduação em Educação da Universidade Federal Fluminense.

Na pesquisa sobre "Os gestos do silêncio para esconder as diferenças" (CAETANO, 2005), os resultados confluíram para a mesma constatação de experiências marcadas pelo medo, pelo silêncio, pelo controle de gestos, da voz, pelo próprio ocultamento no ambiente escolar. Na segunda pesquisa, cujo foco temático foi "Gênero e sexualidade: um encontro político com as epistemologias de vida e os movimentos curriculares" (CAETANO, 2011), as análises fundamentaram a observação de que a homofobia se materializa no controle sobre a projeção de gênero. Realçou-se, desse modo, que a compreensão de gênero tem sido suscetível a avaliações e classificações que hierarquizam os sujeitos e produzem relações assimétricas, desiguais.

O terceiro capítulo, sobre "Diversidade e educação: apontamentos sobre sexualidade e gênero na escola", de Jonas Alves da Silva Junior, é motivado por sua Tese de Doutorado, cujo tema foi "*Rompendo a mordaça*: representações de professores e professoras do ensino médio sobre homossexualidade" (SILVA JUNIOR, 2009). A Tese foi concluída em 2009, no Programa de Pós-Graduação em Educação da Universidade de São Paulo, evidenciando questões sensíveis e consequências violentas e perversas da homofobia.

Em síntese, esse conjunto de pesquisas demonstrou que marcadores rígidos de gênero e sexualidade motivam e sustentam classificações hierárquicas e, assim, os processos representacionais a que estão submetidos os grupos inferiorizados na escala arbitrária e equivocada dessas classificações ficam à disposição dos conceitos pejorativos que lhes são atribuídos e que os oprimem, podendo afetar a sua autorrepresentação. Esse efeito justifica refletir sobre processos e consequências de formas como os sujeitos se autorrepresentam, ou seja, como, por fatores externos e, também subjetivos, constroem o *seu dizer de si*. Essa reflexão inspira o primeiro capítulo desta Coletânea.

Referências

CAETANO, M. **Gênero e sexualidade:** um encontro político com as epistemologias de vida e os movimentos curriculares. 2011. Tese (Doutorado em Educação) – Faculdade de Educação, Universidade Federal Fluminense, Niterói, 2011. Apoio da CAPES.

CAETANO, M. **Os gestos do silêncio para esconder as diferenças**. 2005. Dissertação (Mestrado em Educação) – Faculdade de Educação, Universidade Federal Fluminense, Niterói, 2005. Apoio da CNPq.

RANGEL, M. **Saúde social:** diversidade, inclusão, resiliência. Projeto de pesquisa. 2013. (Mestrado e Doutorado em Ciências Médicas) – Faculdade de Ciências Médicas, Universidade do Estado do Rio de Janeiro, Rio de Janeiro, 2013. Apoio do DEPESQ/UERJ.

______. **Temas da diversidade na escola e na literatura.** Relatório final de pesquisa. 2012. (Mestrado e Doutorado em Educação) – Faculdade de Educação, Universidade Federal Fluminense, Niterói, 2012. Apoio do CNPq.

SILVA JUNIOR, J. A. da. **Rompendo a mordaça:** representações de professoras e professores do ensino médio. 2009. Tese (Doutorado em Educação) – Faculdade de Educação, Universidade de São Paulo, São Paulo, 2009. Apoio da CAPES.

DESIGUALDADE E SEUS EFEITOS NA AUTORREPRESENTAÇÃO

Mary Rangel

> *Tudo poderia ser mais simples. Sofrimentos desnecessários, decorrentes do preconceito e da intolerância poderiam ser evitados. A vida nos traz tantos outros. Às vezes, nem é preciso muito. Apenas ouvir e ser ouvido.*
>
> (Denilson Lopes, 2009, p. 363)

Este estudo desenvolve-se como um ensaio reflexivo. Essa opção metodológica pelo ensaio deveu-se, essencialmente, ao interesse em um estilo mais flexível de análises, que foram inspiradas em pesquisa no âmbito temático das questões sensíveis que envolvem a diversidade sexual (RANGEL, 2012). Essas pesquisas demonstraram efeitos sociais e subjetivos perversos da homofobia, fundamentando, desse modo, o princípio e a premissa de que as diferenças são condições e direitos próprios das peculiaridades humanas, assim como a igualdade é condição e direito de *humanidade*. Compreender suas peculiaridades, sua forma de *ser* e inserir-se no mundo e nas relações sociais é algo positivo e pertinente aos seres humanos; o que não é positivo e pertinente é "sentir-se desigual" e desconfortável por esse sentimento.

Essas considerações introduzem análises que, a par de enfoques culturais e políticos mais amplos, como os que se apresentam nas discussões críticas de concepções da diferença, diversidade, identidade e inclusão,[1] podem oferecer perspectivas de discussão de processos e fatores que, em nível de autorrepresentação e na dimensão de atitude e julgamento negativo de valor (GOFFMAN, 2003), afetam o bem-estar subjetivo[2] e podem introjetar no sujeito o desconforto de considerar-se "menor" por "sentir-se desigual".

"Sentir-se desigual"

Sentir-se, desconfortavelmente, desigual pode ser evidência de que o tratamento que se recebe é também desigual ao daquele que recebem as demais pessoas com quem se convive nos ambientes sociais; é sinal de que há

[1] Alguns estudos foram citados no segmento anterior, quando se apresentaram pesquisas dos autores que motivaram esta Coletânea, podendo-se acrescentar ainda, *entre outros enfoques*, os de Miskolci (2007) e os reunidos em Candau (org.) (2005) e Silva (org.) (2004).

[2] O bem-estar subjetivo é considerado em estudos como os de Junqueira (2009), Rangel (2004), Costa (2003), Hayden; Blaya (2002).

algo que exclui o sujeito dos demais no seu entorno, e essa exclusão pode ser atribuída a características pessoais que catalisam, provocam, justificam um tratamento discricionário. Essas mesmas considerações sobre "sentir-se desigual" aplicam-se a grupos, a coletivos de sujeitos aos quais se atribuem categorias e classificações que os inferiorizam por sua forma de ser.

Assim, podem sentir-se "desiguais" os sujeitos considerados estranhos, por não corresponderem a modelos ou padrões tradicionalmente aceitos como "normais". E por serem estranhos, porque não correspondem a esses padrões, sua proximidade causa resistências e, por isso, tornam-se (com maior ou menor intensidade dessas resistências) perigosos, ameaçadores, por conseguinte, "marginais", ou seja, à margem dos espaços (ambientes, contextos, relações) reservados aos "normais": *um qualificativo que se constrói nos meandros das redes de poder.*

Decorrem, então, de modelagens preconcebidas as categorias e classificações atribuídas aos estranhos, porque categorias e classificações reduzem a ameaça daquilo e de quem se conhece pouco, ou não se deseja conhecer. Categorizar e classificar são processos que auxiliam o "enquadramento" daquilo ou de quem não se compreende, atribuindo-lhes um sentido "familiar", já explicado por um modelo de avaliação preconcebido. (MOSCOVICI, 1978)

Nessa mesma perspectiva, formam-se as "representações do outro", que também, em um movimento reflexo, reforçam nesse "outro" as suas autorrepresentações, ou seja, as representações formadas por pessoas no entorno e no convívio de cada sujeito são captadas por ele e poderão ter uma influência expressiva sobre as representações que esse sujeito forma sobre si mesmo.

Nesse aspecto da interinfluência entre o conceito externo e o autoconceito, a teoria das representações, fundamentada em parâmetros da Psicologia Social, encontra na proposta interdisciplinar, especialmente enfatizada em estudos como os que se apresentam em Moreira e Oliveira (orgs., 2000), assim como em Alves (2012) e Jovchelovitch (2008), alternativas de diálogo com outras teorias, a exemplo da teoria vygotskiana (VYGOTSKY, 1991) e da freudiana (FREUD, 1972). Nesse sentido, Alves (2012) observa que a teoria vygotskyana contribui para o entendimento de que:

> [...] a mente humana processa a construção do conhecimento através da inter-relação de conceitos, mediada pela relação que o indivíduo estabelece com o meio social. Essa dinâmica possibilitaria a coexistência de saberes, ao invés da substituição de um saber inferior por outro superior a esse. (ALVES, 2012, p. 12)

Quanto à teoria freudiana, Jovchelovitch (2008, p. 116) assinala que "[...] traz à tona os trabalhos de interiorização, os processos pelos quais as representações passam da vida de todos para a vida de um, do nível da consciência para o nível do inconsciente".

Em um fluxo, interno e externo, de mútua interferência, projetam-se, então, no sujeito as imagens e os conceitos que se traduzem em sentimentos; e, nesses sentimentos, pode incluir-se o de "sentir-se desigual" em relação aos demais, atribuindo-lhes um *status* superior, porque "normal". "Sentir-se desigual", portanto, pode ser um modo de ver-se menor, comparativamente aos demais, e aceitar, nessa comparação, modelos e referências de superioridade e normalidade que justificam um autoconceito inferior e afetam a autoconfiança, a auto-estima, com consequências na segurança, na tranquilidade, desdobrando-se, perversamente, em tensões que contaminam a saúde física, psicológica, emocional.

Nesse encaminhamento de análises, é oportuno também refletir sobre o efeito da contaminação da saúde do corpo orgânico sobre a saúde do corpo social porque, com poucas dúvidas (e muitas certezas), se pode confirmar o princípio de que sujeitos saudáveis contribuem para uma sociedade saudável e sujeitos tensos, oprimidos e subalternos são evidências de uma sociedade doente, que apela por reflexões e ressignificações, em favor da *promoção humana e da saúde social.*

O desconforto de "sentir-se desigual" (e, por isso, receber um tratamento discricionário) pode ter efeitos, como o estresse e a depressão, que tensionam e debilitam a saúde, o equilíbrio emocional, em dimensões especialmente significativas e profundas, pois estão introjetadas nos sentimentos e nas avaliações dos sujeitos sobre si próprios.

Nesse contexto depressor, pode ocorrer a subalternidade que, entre tantas consequências sociais e políticas possíveis, pode gerar a aceitação passiva de um valor, um lugar, uma posição "menor" nos ambientes e nas relações sociais. Até mesmo o silêncio, o medo, a invisibilidade podem tornar-se opção de quem se "sente desigual" e não quer ser notado, porque, ao ser notado, sua forma de ser também será evidenciada e, com ela, o seu valor social menor e a sua exclusão, em seus vários tipos e processos violentos.

É nesse ponto dessas reflexões que se percebe o quanto a exclusão atinge o ser humano e o quanto pode transformar-se em uma autorrejeição, ou seja, na rejeição de si próprio e aceitação passiva da desconsideração a seus direitos. E chega-se, portanto, ao nível, especialmente opressor e destrutivo, da *autoexclusão.*

O medo de ser notado, de ser reconhecido nos ambientes sociais, é uma ocorrência frequente naqueles que temem rejeições e violências movidas por preconceitos. E esse tipo de temor é especialmente acentuado no caso dos que vivenciam privação de direitos por ações e discriminações homofóbicas em seus contextos de vida, convivência e trabalho, a exemplo da escola. "É difícil negar que a homofobia na escola exerce um efeito de privação de direitos sobre cada um desses jovens". (JUNQUEIRA, 2009, p. 24)

A escola constitui-se em um ambiente suscetível a perspectivas catalisadoras de julgamentos sociais, que absorvem conceitos, preconceitos e fatores de tensão social.

Esses fatores encontram-se no entorno e refletem-se no interior do ambiente escolar, refletindo-se, consequentemente, nas relações, dentro e fora da sala de aula.

O convívio diário no ambiente escolar e as vivências desse convívio por um tempo significativo, ao longo do desenvolvimento dos estudos e da sistematização do conhecimento no fluxo dos anos de escolarização, propiciam amadurecimento, construção de laços afetivos, consolidação de amizades. Entretanto, se, no convívio, por tanto tempo e tantas oportunidades de estabelecer relações com professores, colegas, funcionários, houver atitudes de exclusão, quem as sofre também poderá consolidar o sentimento de frustração e levá-lo consigo para o resto da vida. Pior ainda será, por medo dessa exclusão, do sofrimento, da vergonha, esconder-se, invisibilizar-se, silenciar, controlar os gestos e o tom da voz para não ser reconhecido. (CAETANO, 2005)

O que se reafirma, sobretudo, a cada reflexão dessa natureza são os efeitos dos processos e das atitudes excludentes, notando-se que a duração e a intensidade desses efeitos podem constituir-se em fatores de desconstrução pessoal da autoestima, da confiança em si próprio, da esperança, e até mesmo da consciência de direitos a serem respeitados. Assim, tomando-se, mais uma vez, como exemplo, os que não atendem a modelos heteronormativos, verifica-se que, além da violência física, evidenciada em ocorrências cotidianas, estão sujeitos à violência simbólica, em dimensões nem sempre evidentes e pouco mensuráveis.

Essas reflexões trazem à tona questões sensíveis, obscurecidas pelo silêncio de muitos sujeitos, pois são muitos os que *não* desejam visibilidade e poucos os que ousam visibilizar-se, falar, reivindicar em alta voz, por si próprios e pelos demais que silenciam, os seus direitos humanos e suas garantias políticas.

Desse modo, as *representações* que hierarquizam valores e posições sociais tornam-se (*entre outras perspectivas teóricas)* aportes de pesquisas interessadas em contribuir para a sua compreensão e, sobretudo, em apontar superações necessárias a que se desconstruam preconceitos distantes do real, que se sustentam e se disseminam por meio de julgamentos e discursos equivocados. Vale, portanto, considerar os subsídios da teoria de representações sociais às pesquisas, no interesse do desvelamento de significados subjacentes às *atitudes*, conduzidas por critérios de avaliação social, e às *informações,* nas quais se organiza o conhecimento do objeto representado. Essas informações transportam conceitos e percepções dos fatos nos meios de comunicação, afirmando como verdadeiras as suas representações. (MOSCOVICI, 1989)

Em 2011, a teoria de representações, na perspectiva psicossocial de Serge Moscovici, completou 50 anos, desde suas formulações originais. Na publicação comemorativa desse cinquentenário, encontram-se análises que evidenciam a sua evolução e consolidação teórica. (ALMEIDA; SANTOS; TRINDADE, orgs., 2011)

> Uma teoria necessita ser comprovada na vida concreta. Nesse sentido, a aplicação da teoria pode enriquecer a reflexão. Muitos pensadores que são favoráveis a uma perspectiva "societária" na psicologia social tomam a pesquisa aplicada como uma via privilegiada para contribuir com as teorias centradas nos problemas das sociedades contemporâneas. Este é o caso da teoria das representações sociais. (JODELET, 2011, p. 24)

Assim, consolida-se, nesses 50 anos, a compreensão de que, na formação das representações, encontra-se a projeção do real imaginado e, nele, de conformações ideais, traçadas por conceitos (ou preconceitos) que as vislumbram e as identificam na "realidade" que se imagina e que se deseja confirmar. Desse modo, emergem os significados atribuídos ao objeto das representações que, segundo estudos reunidos por Jodelet (org., 2001), podem ser pessoas, processos, ou outro componente do contexto e funções dos grupos sociais. Nos preconceitos, sintetizam-se impressões equivocadas, imaginárias, do real e disseminam-se modelos preconcebidos e idealizados de comportamentos, que podem influir, inclusive, na forma como cada sujeito se apresenta (e se representa) diante dos demais. É nesse sentido que Goffmam (2003) assinala:

> Quando um indivíduo desempenha um papel, implicitamente solicita de seus observadores que levem a sério a impressão sustentada perante eles.

> Pede-lhes para acreditarem que o personagem que veem no momento possui os atributos que aparenta possuir [...]. Será conveniente começar o estudo das representações invertendo a questão e examinando a própria crença do indivíduo na impressão de realidade que tenta dar àqueles entre os quais se encontra. (GOFFMAN, 2003, p. 25)

Observa-se, ainda, que, nesses 50 anos, além do refinamento teórico (a exemplo dos aportes da autorrepresentação), mantiveram-se também, com mais contextura, argumentação teórica e perspectivas de análise e aplicabilidade, as categorias das dimensões das representações sociais: a atitude, ou julgamento de valor sobre o que é representado; a informação, ou sistematização do conhecimento e da concepção do que se representa; o campo de representação, nucleado por um conjunto central de conceitos/imagens que constituem substância expressiva do processo representacional, tendo, no seu entorno, esquemas periféricos, nos quais se encontram, em vários níveis de proximidade ou distanciamento do núcleo central, significados complementares aos que o constituem.

As mudanças de conceitos e de critérios de julgamento requerem a desconstrução do núcleo, ou então o aprofundamento de estudos e a ampliação de reflexões que promovam novos significados e novos parâmetros de compreensão de fatos e condutas, diferentes dos que orientaram as representações anteriores em sua forma imagética e idealizada de preconceber o real.

(FLAMENT, 2001; ABRIC, 2002; FLAMENT; ROUQUETTE, 2003)

Desse modo, ao prosseguir a leitura dos parâmetros representacionais de produção do conhecimento oferecidos pelo estudo de significados (conceitos, imagens) atribuídos aos objetos da vida cotidiana, encontram-se vetores de análise do seu processo de formação, e neles, a objetivação e a ancoragem. A objetivação inclui processos como a materialização de conceitos e sua visibilidade em imagens. Pela ancoragem, os conceitos (materializados, concretizados, traduzidos em imagens) se ancoram no pensamento social, influindo em atitudes, em informações e em núcleos centrais, figurativos, das representações.

Decorrente da objetivação e da ancoragem, ocorre o processo de *naturalização,* pelo qual tanto conceitos como preconceitos são naturalizados, considerados comuns, aceitáveis, inquestionáveis, "protegidos" de qualquer tipo de questionamento ou discussão. Podem aceitar-se, então, com naturalidade, concepções preconceituosas e estigmas que "marcam" pessoas e grupos, cujas singularidades se transformam em desigualdades merecedoras de avaliações negativas e de um lugar inferior na hierarquia de avaliação e valorização social. (ALVES-MAZZOTI, 2003)

A ancoragem e a naturalização constituem mecanismos de formação de representações, com especial força de influência em percepções e ações que, a partir deles, se efetivam, podendo justificar e naturalizar discriminações, abusos, violências físicas e simbólicas.

Da mesma forma que contribui para a compreensão de processos e ações estigmatizantes e excludentes, a teoria de representações, ao desvelá-los, auxilia também a sua reconceituação, ou seja, a sua reconstrução simbólica, com novos significados, menos míticos, menos idealizados e mais próximos do real.

E, no real, o que se encontra é, sobretudo, o valor da pluralidade que caracteriza os ambientes e as relações sociais. O que destoa, o que agride essas relações são atitudes que humilham, que desmerecem o outro e prejudicam sua autoestima. É esse movimento externo de exclusão e rejeição que desencadeia o movimento interno correspondente, pelo qual o sujeito excluído também se exclui e atribui a si próprio a sua menor valia social.

Assim, por influência de rejeições externas, manifestadas em diferentes graus, de forma explícita ou não, o sujeito pode "sentir-se desigual" e submeter-se a tratamentos excludentes *em diversos aspectos:* socioeconômicos, étnico-raciais, religiosos, culturais, de gênero, de longevidade, além de aspectos físicos e cognitivos que o caracterizam.

Os fatores que se traduzem em desigualdades *socioeconômicas* geram efeitos concretos no alcance de condições de qualidade de vida. E a pobreza pode ser representada como situação geradora de desvalorização social e subalternidade. Também pode ocorrer nesse processo a baixa autoestima, lembrando-se a possibilidade de mútua recorrência entre as representações formadas no contexto das interações e comunicações sociais e as representações de si próprio.

As características *étnico-raciais* podem ser alvos das impressões de estranhamento, quando o preconceito, oculto nas atitudes e intenções, também se oculta nas ações excludentes que, embora não se revelem de forma explícita, aparecem nas relações sociais a ponto de serem percebidas nas formas como se "evitam" os sujeitos em diversas circunstâncias que ocorrem nos ambientes sociais, profissionais, ou de família.

As crenças religiosas podem gerar desconforto e estresse em quem sofre discriminações por não se adequar a padrões dominantes, privilegiados na sociedade. Práticas fundamentalistas geram silêncio, medo e, até mesmo, extermínio.

Quanto aos marcadores rígidos que se impõem às expressões *de gênero,* têm levado, inclusive, a situações em que o fato de "ser mulher" justifica a *naturalização* de "ser menor", lembrando-se que naturalizar é um forte mecanismo de formação de representações sociais e autorrepresentações. Ocorrências dessa natureza são evidenciadas em pesquisas, como as que foram encaminhadas em 2007 e 2010 ao Projeto "Construindo a Igualdade de Gênero", da Secretaria Especial de Políticas para as Mulheres. (BRASIL, 2007; 2010)

Por esse mesmo encaminhamento de análises, chega-se às *diferenças sexuais* e ao *bullying* homofóbico, decorrente de discriminações que, embora haja avanços na esfera política de direitos, contrários à homofobia, persistem, de maneira declarada, ou dissimulada, mas, em ambas as situações, com a mesma força excludente e efeitos que variam de palavras e gestos rudes e irônicos a agressões físicas e mortes.

Quanto à *longevidade,* tem para aqueles a quem se atribui o qualificativo de "idoso" significativas implicações na convivência, na sociedade, na família, e consequências perversas na dificuldade de manter-se nos ambientes profissionais, por vários motivos e preconceitos, entre eles o da marca da aposentadoria "compulsória", oficializada aos 70 anos, chamada, no senso comum, de marca "expulsória". Essas implicações compõem um conjunto de circunstâncias, cuja introjeção nos sujeitos constitui fator de sua maneira de "sentir-se desigual" e "menor", embora com energia e vitalidade, vontade e condição de *produzir e ser incluído*. Contudo, o obtuso preconceito excludente projeta o seu adjetivo na longevidade, desconsiderando o valor humano, existencial, cultural, epistemológico, do tempo de vida.

Ainda na análise ampla dos processos de exclusão/inclusão, é oportuno lembrar a inter-recorrência e conjugação de elementos que mobilizam e potencializam os efeitos de processos excludentes. Entre muitos exemplos possíveis, lembra-se da aglutinação entre ser pobre e ser mulher, entre ser mulher e ser considerada "idosa" ou, mais amplamente, as aglutinações entre diferenças de padrões heteronormativos, idade, cor e pobreza, além de muitos elementos que catalizam focos mais acentuados, alienantes e agressivos da exclusão.

Essas considerações sobre o acolhimento e o valor sociocultural e político das diferenças que caracterizam o mundo plural reafirmam o entendimento de que o processo de inclusão/exclusão é dialético, polarizado e de largo alcance, considerando o amplo conjunto de nuances, que traçam o contorno do mundo, da humanidade.

Confirma-se, então, a premissa de que as diferenças que caracterizam a pluralidade sociocultural não justificam ou admitem desigualdades. As diferenças são características e direitos dos seres humanos e da pluralidade social. É indispensável, portanto, compreendê-las com perspectivas mais reais, menos preconceituosas e, portanto, mais fraternas e solidárias, de construir a vida e a convivência. Essas perspectivas auxiliam a redesenhar, com tons mais sensíveis, os ambientes e as relações sociais.

Percebe-se, então, que as ressignificações são necessárias a novos parâmetros, novos conceitos, novas formas de buscar um conhecimento com maior aproximação do real e, nessa aproximação, encontrar também maior disposição para aprender, reaprender e, se preciso, *desaprender*.

Antes de concluir, recorre-se, nesta argumentação, a Boaventura de Souza Santos (2002, p. 30) quando, na "Crítica da razão indolente", questiona "[...] a concepção do outro como objeto e consequentemente o não reconhecimento do outro como sujeito". Reconhecer o outro como sujeito é princípio de convivência solidária. E "conviver" significa "viver com" o outro (que também sou eu), ampliando com ele (e comigo) possibilidades de realizações comuns, sem os limites das fronteiras do preconceito.

Referências

ABRIC, J. C. L'approche structurale des représentations socials: développements récents. **Psychologie & Société,** Paris, v. 4, p. 81-103, 2002.

ALMEIDA, A. M. de O.; SANTOS, M. de F.; TRINDADE, Z. A. (orgs.). **Teoria de representações sociais** – 50 anos. Brasília: Technopolitik, 2011.

ALVES-MAZZOTI, A. J. Educação e exclusão social: contribuições do estudo de representações sociais. *In*: CAMPOS, P. H. F.; LOUREIRO, M. C. da S. (orgs.). **Representações sociais e práticas educativas.** Goiânia: Ed. da UCG, 2003, p. 117-144.

ALVES, W. B. **A escola no espelho.** 2012. Tese (Doutorado em Educação) – Faculdade de Educação, Universidade Federal Fluminense, Niterói, 2012.

BRASIL. Presidência da República. Secretaria Especial de Políticas para as Mulheres. Ministério da Ciência e Tecnologia. Ministério da Educação, CNPq, UNIFEM. **2º Prêmio Construindo a Igualdade de Gênero**. Brasília: Presidência da República, SPM, 2007.

_____. **5º Prêmio Construindo a Igualdade de Gênero**. Brasília: Presidência da República, SPM, 2010.

CAETANO, M. **Os gestos do silêncio:** para esconder a diferença. 2005. Dissertação (Mestrado em Educação) – Faculdade de Educação, Universidade Federal Fluminense, Niterói, 2005.

CANDAU, V. M. (org.). **Culturas e educação:** entre o crítico e o pós-crítico. Rio de Janeiro: DP&A, 2005.

COSTA, L. S. M da. **Abuso no curso médico e bem-estar subjetivo.** 2003. Tese (Doutorado em Psicologia Social) – Faculdade de Psicologia Social, Universidade Federal do Rio de Janeiro, Rio de Janeiro, 2003.

FLAMENT, C. Estrutura e dinâmica das representações sociais. *In*: JODELET, D. (Ed.). **As representações sociais.** Rio de Janeiro: EDUERJ, 2001, p. 173-186.

_____; ROUQUETTE, M. L. **Anatomie des idées ordinaires:** comment étudier lés représentations sociales. Paris: A. Colin, 2003.

FREUD, S. **A interpretação dos sonhos.** (Parte I). Rio de Janeiro: Imago, 1972.

GOFFMAN, E. **A representação do eu na vida cotidiana**. 17 ed. Petrópolis: Vozes, 2003.

HAYDEN, C.; BLAYA, C. Comportamentos violentos e agressivos nas escolas inglesas. *In*: DEBARBIEUX, E.; BLAYA, C. (orgs.). **Violência nas escolas:** dez abordagens europeias. Brasília: UNESCO, 2002.

JODELET, D. Sobre o movimento das representações sociais na comunidade científica brasileira. **Temas em Psicologia**, Ribeirão Preto, v. 19, n. 1, p. 19-26, 2011.

_____ (org.). **As representações sociais**. Rio de Janeiro: EDUERJ, 2001.

JOVCHELOVITCH, S. Representações sociais e a diversidade do saber. *In*: _____. **Os contextos do saber** – representações, comunidade e cultura. Petrópolis: Vozes, 2008, p. 78-126.

JUNQUEIRA, R. D. **Homofobia na escola:** um problema de todos. *In*: ______. Diversidade sexual na educação: problematizações sobre a homofobia nas escolas. Brasília: Ministério da Educação, Secretaria de Educação Continuada, Alfabetização e Diversidade, UNESCO, 2009, p. 13-52.

LOPES, D. Por uma nova invisibilidade. *In*: JUNQUEIRA, R. D. **Diversidade sexual na educação:** problematizações sobre a homofobia nas escolas. Brasília: Ministério da Educação, Secretaria de Educação Continuada, Alfabetização e Diversidade, UNESCO, 2009, p. 355-366.

MISKOLCI, R. A. A Teoria Queer e a questão da diferença. *In*: CONGRESSO DE LEITURA DO BRASIL, XVI. **Cadernos de Atividades e Resumos.** Campinas: Associação de Leitura do Brasil, 2007, p. 1-19.

MOSCOVICI, S. **A representação social da psicanálise.** Rio de Janeiro: Zahar, 1978.

______. Notes towards a description of social representations. **European Journal of Social Psychology**, n. 18, p. 11-250, 1989.

MOREIRA, A. S. P.; OLIVEIRA, D. C. (orgs.). **Estudos interdisciplinares de representação social.** Goiânia: AB Editora, 2000.

RANGEL, M. **Temas da diversidade na escola e na literatura.** Relatório final de pesquisa. 2012. (Mestrado e Doutorado em Educação) – Faculdade de Educação, Universidade Federal Fluminense, Niterói, 2012. Apoio: CNPq.

SANTOS, B. de S. S. **A crítica da razão indolente:** contra o desperdício da experiência. São Paulo: Cortez, 2002.

SILVA, T. T. (org.) **Identidade e diferença:** a perspectiva dos estudos culturais. Petrópolis: Vozes, 2004.

VYGOTSKY, L. S. **A formação social da mente**. São Paulo: Martins Fontes, 1991.

GÊNERO E SEXUALIDADE: DIÁLOGOS E CONFLITOS

Marcio Caetano

> *[...] Às vezes, o mundo inteiro me parecia transformado em pedra: mais ou menos avançada segundo as pessoas e os lugares, essa lenta petrificação não poupava nenhum aspecto da vida. Como se ninguém pudesse escapar ao olhar inexorável da Medusa... Cada vez que o reino do humano me parece condenado ao peso, digo para mim mesmo que à maneira de Perseu eu devia voar para o outro espaço. Não se trata absolutamente de fuga para o sonho irracional. Quero dizer que preciso mudar de ponto de observação, que preciso considerar o mundo sob outra ótica, outra lógica, outros meios de conhecimentos e controle. As imagens de leveza que busco não devem, em contato com a realidade presente e futura, dissolver-se como sonhos... O conhecimento do mundo é a dissolução de sua compacidade.* (Italo Calvino, 1999, p. 16)

Marcas epistemológicas

Este ensaio, de natureza descritiva, fundamentado em revisão de alguns aportes culturais e históricos da diversidade de orientação sexual, encontra referências e motivações em duas pesquisas que constituíram, respectivamente, Dissertação e Tese implementadas nos Cursos de Pós-Graduação em Educação da Universidade Federal Fluminense. (CAETANO, 2005; 2011)

Na perspectiva histórica, recordamos, inicialmente, a acentuação da crítica à racionalidade iluminista, no decorrer dos anos 1960, com a emergência política das "minorias" e o reconhecimento de múltiplos pontos de vista e múltiplos sistemas epistemológicos. As feministas, as mobilizações estudantis, os movimentos da contracultura, a luta pelos direitos civis e as mobilizações revolucionárias dos países neocolonizados e em desenvolvimento apresentaram outros sujeitos políticos e outras perspectivas de aproximação do real.

Consequentemente, a produção de conhecimento assumiu, dentre outras, a característica de flexibilidade de fronteiras disciplinares e metodológicas. Nesse cenário, os discursos totalizadores foram relativizados. Ressaltam-se, então, formas de ver, de viver e de conhecer o mundo, orientadas por valores socioculturais e perspectivas históricas. *O modo de compreender a diferença evoluiu no sentido de pensá-la junto com o seu duplo, seu contrário, seu avesso, ou seja, ela é sempre relacional e dificilmente bipolarizada.* Esse modo de compreensão aguça a sensibilidade humana e sua condição de experimentar, de se (auto)inventar.

Com essas perspectivas, revemos, então, neste texto, princípios dos estudos culturais e feministas. Elegemos esses estudos por considerarmos que, ao mesmo tempo em que abordam questões do âmbito da cultura global, adquirem os contornos e as matizes das configurações locais, reconstruindo-se, constantemente, nos seus questionamentos e problematizações. Com esse entendimento, abordamos maneiras com que os sujeitos vivenciam suas identidades (sexuais), como essas são assumidas no ambiente escolar e, mais amplamente, na sociedade.

Pensar as identidades sexuais significa também compreender os discursos dos seus sujeitos. Essa compreensão requer, ainda, refletir sobre as práticas educativas que nos formaram e influíram na maneira como percebemos o significado de ser homem ou mulher, frequentemente orientado por dicotomias.

Creditamos essa reflexão à perspectiva de gênero e suas contribuições feministas às investigações acadêmicas. O feminismo, com sua diversidade de reflexões e práticas, introduziu paradigmas transformadores do pensamento social e político, repercutindo em mudanças significativas, a partir das décadas finais do século XX. O movimento feminista não só tem conseguido chamar a atenção sobre direitos das mulheres mas também iluminar o debate da sua subalternização; seus aportes têm constituído um corpo teórico denso, com expressivos subsídios a vários campos do conhecimento e influências expressivas, tanto nos discursos políticos como nas práticas sociais. (BALLESTEROS, 2010)

Entretanto, é oportuno lembrar que o Feminismo, com configurações diferenciadas por inúmeras correntes epistemológicas e pelos teóricos e teóricas que o fundamentam ou o levam em conta, não foi uma invenção feminista, ainda que muitos e muitas sejam levados(as) a crer. De fato, a categoria de gênero, antes de ser utilizada por Gayle Rubin para analisar o tráfico de mulheres em 1975, já se encontrava na obra de Robert Stoller: "*Sex and gender*", publicada em 1968. No seu livro, o autor utilizava o termo "sexo" para distinguir o sujeito e designar os aspectos biológicos internos que determinavam se uma pessoa era masculina ou feminina, a palavra "sexual" para referir-se aos aspectos anatômicos externos, e a categoria "gênero" para se referir aos aspectos culturais que constituíam os comportamentos feminino ou masculino.

Ao ser incorporado ao intenso debate promovido pelo movimento feminista de terceira onda, o conceito de gênero se difundiu rapidamente entre as ciências sociais e humanas, se levarmos em conta as datas em que foram publicados os livros/textos de referência: Ann Oakley (1972) na Sociologia, Rhoda Unger (1979) na Psicologia Social e o de Joan Scott (1975) na História. A insurgência e releitura desse conceito pelas feministas introduziram-se no debate político do contexto de pós-guerras e seus movimentos sociais, emergentes em inúmeras partes do mundo. Ao ponderar o sexo como um feito a esclarecer, em vez de fato, por si explicativo, o conceito de gênero passou a responder, no plano prático-teórico-prático, ao propósito de colocar a questão das diferenças entre os sexos na agenda das investigações acadêmicas e das atenções das políticas públicas, retirando a questão sexual do domínio exclusivo da Biologia e orientando suas análises no sentido das condições históricas e sociais de produção de cultura. Norma Graf (2010, p. 19) observa que

> *[...] aceptar el valor de los métodos científicos y sus productos no significa asumir que toda la ciencia está libre de influencias políticas y socioculturales, o que los deseos e intereses de quien hace ciencia no influyan su trabajo. Los valores y conceptos asociados con la masculinidad y la feminidad también influyen en la práctica y la teoría científica como lo hacen en otras esferas de la actividad intelectual y social. Una tarea inicial de la epistemología feminista ha sido identificar de qué manera las nociones sobre el género han influido e influyen en la práctica y el pensamiento científico.*

Lembramos, então, que a emergência do conceito de gênero inscrevia-se em um processo no qual procurava-se tornar visível uma relação social marcada pela desigualdade, que a investigação, a reflexão teórica e a ação política ainda não haviam considerado. Ao retomar, em outros moldes, velhas questões (a exemplo da participação das mulheres nas Grandes Revoluções), o conceito de gênero deu lugar, mais recentemente, a uma perspectiva crítica sobre a produção dos saberes em diversas disciplinas das ciências. Conforme podemos observar, a categoria de gênero reemerge com as feministas como uma chave para problematizar as desigualdades orientadas pelos equívocos sobre sexo e, sobretudo, como um dispositivo epistemológico para produzir conhecimento diante dos saberes hegemônicos que buscavam nos discursos biológicos suas razões à imposição de limites que ferem direitos de cidadania.

Como Weeks (1998, p. 108) assinala,

> *[...] de hecho, estos nuevos movimientos sociales sexuales han creado otro ámbito público de interacción personal, debate, publicaciones y confluencia intelectual, creando en el proceso lo que ha llegado a ser una "sexología popular" que ha desafiado las certezas de la tradición sexual.*

A despeito do fato de que os movimentos que têm relação com o eixo sexualidade-gênero, de nenhuma maneira, estejam unificados, tampouco sejam afinados em seus meios e fins, eles têm introduzido outros elementos centrais à política, ao visibilizar outros grupos e temas de interesse, novas problematizações, novas maneiras de discussão das identidades e outras perspectivas de debate social. Em que isso resulta? Na expansão política para incluir não somente outros e novos movimentos mas também outra gama de preocupações por assuntos que, até então, pareciam, microscopicamente, pessoais, a exemplo dos assuntos a respeito da saúde, do corpo, dos valores, das eleições, dos sentimentos e do âmbito doméstico.

Defendemos, então, a relevância do debate crítico ancorado no domínio discursivo da heterossexualidade que, pretensiosamente hegemônica e unificada em um modo de ser, desconsidera outras formas que não atendem às suas práticas discursivas. Pensamos que essa situação reflete-se diretamente nas práticas curriculares, prejudicando o entendimento de diversas relações sociais e culturais presentes na escola e, mais amplamente, na sociedade. Estamos entendendo como currículos as ações escolares, culturais e tecnológicas (arquitetura, livros didáticos, vestimentas, músicas, conteúdos e dizeres científicos, meios midiáticos e outros) que, significadas na cultura, ensinam e regulam o corpo, produzindo subjetividades e arquitetando formas e configurações de viver na sociedade.

Assim, o encaminhamento dessas análises segue estruturado da seguinte maneira: no primeiro momento, identificamos equívocos e problematizamos, no âmbito da sexologia humana, a construção de identidades. Em seguida, apresentamos algumas discussões em torno da compreensão ampla e fundamentada da sexualidade e, por fim, aproximamos ambas as discussões das experiências escolares.

Os equívocos

O Portal do Ministério da Saúde publicou, em 26 de maio de 2004, uma notícia (anteriormente divulgada em vários jornais) sobre uma inusitada situação, protagonizada pelo secretário-executivo do Ministério da Saúde e pela ativista política, Fernanda Benevenutti. Reproduzimos, a seguir, a notícia:

> Secretário comete gafe e é interpelado por um travesti
>
> BRASÍLIA – O secretário-executivo do Ministério da Saúde, Gastão Wagner, teve ontem uma demonstração do quanto é delicada a missão do governo à frente do programa Brasil contra a Homofobia. Durante o lançamento das medidas de combate à discriminação, Wagner derrapou no discurso ao trocar "transgêneros" por "transgênicos". A gafe não passou em branco e deixou o secretário com um sorriso amarelo, quando um travesti rebateu: "– Transgênicos, não! Nós não somos soja" – gritou, para deleite da plateia. (BRASIL, 2004)

Nos elementos da notícia, dois distintos e conhecidos conceitos do modelo republicano brasileiro assumem *status* de protagonistas nesse teatro político: o Governo e a Cidadania. Todavia, com um olhar mais afinado, é possível verificar outros sub-temas que emergiram, disputando *status* e a atenção dos(das) leitores(as), quais sejam: 1) a dificuldade de o Governo reconhecer as recém-chegadas personagens do cenário político; 2) a emersão de outros sujeitos no *campo* políticossocial da cidadania e, por último; 3) o deslocamento, ou mesmo ampliação, do significado do sujeito cidadão, requisitando o respeito à sua identidade sexual.

Essa não é a primeira vez em que esse teatro narrado na reportagem a que fizemos referência foi encenado. Ainda que as personagens assumam outros nomes, essa situação foi semelhante a inúmeros outros momentos da história dos Estados Ocidentais, em que os sujeitos subalternizados não eram reconhecidos. Uma leitora e um leitor atentos podem identificar, nessa situação, dois polos dialógicos: o Estado brasileiro e a sociedade civil organizada. Entretanto, a notícia nos fala de uma terceira "personagem": "Transgênero", confundida com "Transgênico". Lembramos, então, que o termo transgênero foi introduzido por Virginia Prince (1978) nos Estados Unidos. Buscamos também, panoramicamente, rever elementos do debate em torno das (auto)nomeações.

Existem inumeráveis justificativas de preconceitos e mitos que perpassam os termos que designam os sujeitos que não se afirmam heterossexuais, destacando-se, em suas origens, a forte estigmatização da homossexualidade conforme se deu no século XIX, paralela à consolidação do Estado burguês. Não por menos, Heller (1989) observa que a burguesia foi a maior produtora de preconceitos entre todas as demais classes sociais. A necessidade imediata de se manter no controle social justificou as ações burguesas, no sentido de legitimar as hierarquias, procurando garantir a coesão social e o controle sobre a sociedade.

Ao analisar essas questões, revê-se Weeks (1998), em sua observação de que, embora a prática da homossexualidade, historicamente, seja datada de bem antes, a cristalização do sujeito origina-se no século XIX, paralela às novas questões que se apresentam à família e, sobretudo, à compreensão mais ampla da sexualidade, em um contexto impulsionado pela vitória do Capitalismo industrial e da urbanização. O período foi assinalado por ausências de mulheres do mercado do trabalho e pela constituição de uma massa operária sujeita ao sistema sociopolítico vigente para se manter e consolidar. Por isso, foi preciso a criação de um papel homossexual estigmatizado, servindo ao estabelecimento de limites de padrões hierárquicos comuns de controle social, de interesse político e ideológico. Isso resultou na segregação dos que foram rotulados de "desviantes", separando-os dos demais membros da sociedade; dessa forma, se conteriam e delimitariam os "modelos" comportamentais.

Quanto à terminologia *gay*, é oportuno lembrar dois fatores que contribuíram, sobremaneira, para a sua massificação no Ocidente. O primeiro foi a emergência, nos Estados Unidos, do movimento *gay* e sua influência cultural nos demais países ocidentais; o segundo foi a pandemia discursiva da AIDS nos anos 1980. O deslocamento da terminologia 4H (homossexuais, haitianos, hemofílicos e heroinômanos), que inicialmente foi utilizada para designar a população atingida pela síndrome, logo de início, foi direcionada popularmente, nos Estados Unidos, para *câncer gay* e, posteriormente, difundida no mundo.

Lembra-se, também, de que essa situação ocorreu quando os primeiros casos de HIV foram evidenciados e quando ninguém sabia ao certo as causas da doença. Muitos profissionais da saúde temiam a aproximação com aqueles doentes enfraquecidos, marcados por manchas escuras em seus corpos: sintomas de um tipo muito raro de câncer nomeado de "Sarcoma de Kaposi".

Outro dado de revisão histórica e conceitual é o de que, embora os discursos sobre a origem da palavra "lésbica" pareçam ser mais precisos, a forma como o termo foi apropriado pelas mulheres é tão difusa quanto a palavra *gay*. O termo referia-se somente aos habitantes da ilha de Lesbos, na Grécia. Essa localidade foi um importante centro cultural onde viveu a poetisa Safo, entre os séculos VI e VII a.C., muito admirada por seus poemas sobre amor e beleza, em sua maioria dirigidos às mulheres. Por essa razão, acredita-se que o relacionamento sexual entre mulheres passou a ser conhecido como lesbianismo ou safismo. Entretanto, até o século XIX, a palavra lésbica não tinha os significados afetivo e político que hoje lhe são atribuídos. A palavra "lésbica" foi se redimensionando, à medida que obras fundantes, como o livro *O segundo sexo*, de Simone de Beauvoir (2005), e outras obras literárias foram sendo publicadas. Foi com a emergência dos movimentos feministas que a palavra lésbica incorporou a dimensão política desses movimentos. Nesse sentido, Monique Wittig (2006) reafirma suas análises, feitas desde a década de 80, assinalando que a heterossexualidade é a base que sustenta a dicotomia entre homens e mulheres e alimenta a sociedade patriarcal e a supremacia masculina.

A constituição dos termos *gay* e lésbica emerge como alternativa à categoria "homossexualismo", que inclui, em suas origens, o enfoque médico, e que foi ressignificada como "homossexualidade" pelo movimento social na década de 1980. No Brasil, não diferente dos Estados Unidos, a terminologia *gay* tem no movimento social e na AIDS seus principais difusores.

Essa energia e esse impulso por classificar e categorizar têm levado historiadores e historiadoras a endossarem a observação de que o surgimento de distintas classificações e categorias de seres sexuais ao longo dos três últimos séculos (XIX, XX e XXI) é consequência de um esforço contínuo de alcançar propósitos políticos de controle social. Assim como assinalou Norma Mogrovejo (2008), consideramos que é mais contundente ver o surgimento de classificações identitárias durante esses séculos como produto de normas prevalecentes, movidas por interesses ideológicos e com significativos impactos sobre homens e mulheres. Historicamente, consideramos, com Mogrovejo, que os sexólogos não "inventaram" o homossexual ou a lésbica, mas tentaram compreendê-los, patologizando-os.

Ainda que a sexualidade assuma configurações e categorias fluidas, instáveis, inacabadas e, sobretudo, locais, a ampla divulgação e aceitação dessas categorias inscrevem-se em um contexto de crescente impacto da globalização econômica e social, em um mundo em que, cada vez mais, o que sucede em uma cultura tem grande influência sobre as demais.

Esse cenário nos descreve, por um lado, fatores sociopolíticos de designação de identidades, sugerindo-nos que a ciência tem o poder de criar e reverter em conhecimento de senso comum suas nomeações; por outro lado, descreve também o empenho dos movimentos sociais no sentido de contrariar a heterodesignação hegemônica, a que as sexualidades dissidentes foram e são sujeitas, desde sua imersão discursiva nas narrativas científicas.

A partir, sobretudo, do século XIX, retomamos, então, a categoria heterodesignação hegemônica (*heterodesignación hegemónica*) elaborada por Magna Rodríguez (1994a, p. 220), que a descreve como *a "[...] definición del otro por parte de quien tiene el poder de la palabra"*. Desse modo, Rodríguez identifica o grupo hegemônico como o detentor do poder/saber de definir o "outro", o que é "diferente" do grupo heterodesignado. Em relação ao conceito de diferença, a autora expressa:

> *[...] lo diferente entra dentro de las estrategias de domínio, de la exclusión/integración y como zona heterodesignativa, definida por parte del grupo hegemónico (detentor do poder/saber) que, al definirse como uno, autónomo e idéntico, há de separar de su seno todo lo diferente.*
>
> (RODRIGUES, 1994b, p. 96-97)

Embora os esforços dos movimentos sociais para lograr compreensões mais isentas de designações heteronormativas sejam relevantes e reconhecidos, eles também têm recebido interferências de uma lógica heterodesignativa, que permeia as comunicações e interações nos espaços públicos.

Não cremos que seja possível limitar a emergência e designação de classificações de categorias identitárias (ou mesmo comportamentos e linguagens) ao interesse de corresponderem a requisitos de políticas de financiamento, ainda que essas políticas não sejam elementos a serem ignorados. Pensamos que as classificações identitárias dos sujeitos e das organizações sociais a que pertencem inscrevem-se em uma complexa relação que envolve critérios de agências de financiamento, condições sociais e políticas do contexto de sua emergência e disputas internas nos movimentos sociais para lograr espaços de representação política.

Contudo, essa necessidade ilimitada de nomeação/classificação vivenciada pelos sujeitos e refletida nos movimentos sociais também se explica, não só como resposta aos limites impostos à compreensão e avaliação hierárquica e reducionista da sexualidade mas também como resposta ao atual empobrecimento da heterossexualidade como *status* de referência. Essa tumultuada configuração nos permite afirmar que, *neste momento, buscamos viver sem contornos identitários fixos.*

Esse emaranhado de formas influencia os modos como nos percebemos, articulamo-nos e nos narramos em nossas redes de sociabilidade. Nossos destinos já não são traçados na maternidade, pois somos também constituídos por fatores de origem histórica, sociocultural e política. Com infinitas possibilidades e estilos de vida, o *locus* heterossexual, por sua fragilidade, constituiu-se de modo discursivamente rígido, e qualquer movimento fora de seus limites é localizado no marco da dúvida. (LOURO, 2000)

Análises inspiradas no diálogo com Mafessoli (2007) auxiliam a compreensão dos marcadores que, historicamente, associaram a homossexualidade à frustração de expectativas de gênero, ao pecado ou à nomeação de doença. Essas três cargas atravessaram o imaginário social e, quase que exclusivamente, formaram, e ainda formam, as imagens de identidades consideradas dissidentes, associadas à homossexualidade. Ainda que estejamos em um momento histórico em que as identidades sexuais se configuram cada vez mais polimórficas e rizomáticas, os discursos sobre elas, todavia, ainda são suscetíveis a parâmetros biológicos.

Recorda-se que, no Brasil, a homossexualidade deixou de se configurar como doença nos instrumentos médicos (mais precisamente como desvio mental e transtorno sexual), conforme o código 302.0 da Classificação Internacional de Doenças/CID, elaborado pela Organização Mundial de Saúde e adotado no país, em fevereiro de 1985. Essa alteração foi fruto de uma intensa campanha, liderada pelo antropólogo Luiz Mott, junto com o Conselho Federal de Medicina (CFM) que, por resolução, retirou a homossexualidade da lista de doença. Mott liderou essa campanha em várias frentes e acabou por receber o apoio de entidades, como Sociedade Brasileira para o Progresso da Ciência (SBPC), Associação Brasileira de Antropologia (ABA) e Associação Nacional de Pós-Graduação em Ciências Sociais (ANPOCS). Um abaixo-assinado com dezesseis mil assinaturas apoiava a reivindicação do professor Luiz Mott.

É importante também lembrar que o CFM seguiu a *American Psychiatric Association* que, já em 1973, afirmara que a homossexualidade não tinha ligação alguma com qualquer tipo de patologia e propusera a sua retirada do *Manual de Diagnóstico e Estatística de Transtornos Mentais* (DSM-IV). No DSM-IV, elaborado pela *American Psychiatric Association*, estão identificados, por códigos, todos os distúrbios mentais, servindo de orientação para os(as) profissionais de saúde, principalmente os(as) psiquiatras. Contudo, o CFM antecipou-se à Organização Mundial de Saúde (OMS) que, somente no dia 17 de maio de 1990, reuniu-se em Assembleia Geral e retirou a homossexualidade de sua lista de doenças mentais, declarando que ela não constituía um distúrbio, uma doença ou perversão. Assim, o que antes tinha sido classificado, estabelecido e difundido como desvio e anormalidade, a partir dessa assembleia, seria considerado normal.

Com essa questão histórica, não podemos negar as expressões de identidades que, de modos diferentes entre elas, vêm alcançando visibilidade na sociedade brasileira e latino-americana, para citar apenas um contexto regional. Movimentos políticos, em inúmeras cidades de distintos países, têm sido datados em calendários oficiais de várias cidades, a exemplo, no Brasil, do Rio de Janeiro e São Paulo. Todavia, essas visibilidades identitárias, por se expressarem de modos e formas diferentes, podem também apresentar-se de modo difuso nos espaços sociais, trazendo implicações em diferentes (ausências de) direitos, que ainda são alvos de restrições mantidas por estatutos médico-psíquicos.

Quando voltamos a refletir com Foucault (1988), percebemos que os estatutos médico-psíquicos não têm sido suficientemente respaldados em outras áreas de conhecimento, embora pretendam programar, difundir e generalizar seus saberes. Observamos, então, que a eficiência desses estatutos também depende de conhecimentos jurídicos que os auxiliem no empenho pela "normalização" e controle de comportamentos massivos. Essa reflexão é essencial, quando pensamos sobre processos e efeitos de controles e limitações do significado da sexualidade por modelos hegemônicos de heterossexualidade. Os modelos podem consolidar-se em normas que transitam pelos discursos, até se instituírem como leis naturais (normalizadas) e, desse modo, nos influenciarem, a ponto de constituírem parte de nossa existência e alojarem-se em nosso inconsciente.

Em inúmeras situações, fomos ensinados, ao longo de nosso desenvolvimento físico e psíquico, por meio das mais diversas instituições e ações sociais, a nos constituirmos ainda dicotomicamente como homens e mulheres.

Entretanto, nossas aprendizagens não foram sequenciais, contínuas ou iguais e, de modo algum, serão concluídas. Isso porque os campos culturais e históricos que nos formam são imbricados de conflitos e são capazes de produzir múltiplos sentidos que, nem sempre, são convergentes em noções de masculinidade e de feminilidade. Assim, visões essencialistas e universais, descoladas do contexto socio-histórico de homem e mulher, são simplistas, porque ignoram a noção de que as identidades envolvem a diversidade e complexão das etapas pelas quais a cultura as constrói e compreende.

Contudo, essa noção não se configura como a hegemônica. No Brasil, há grupos sociais que ganham notoriedade nacional por se oporem, publicamente, nos meios de comunicação, a projetos de leis que beneficiam a população homossexual. Ao lado de propostas de autonomia da mulher, a homossexualidade e a transexualidade são temas recorrentes nas eleições brasileiras, ganhando mais *status* midiático do que questões estruturantes, como a educação escolar, a geração de emprego, o transporte público, o escoamento de produção agrícola e industrial e a saúde. Isso se explica também porque, historicamente, a compreensão da sexualidade (mais uma vez, considerando-se a perspectiva foucaultiana) tem sido limitada a um regulamento ideal e assim tem se submetido a modelos normativos, bem como tem sido parte de práticas reguladoras que oprimem as diferenças e os diferentes de modelagens preestabelecidas. E o discurso opressor incorpora, então, um poder simbólico, que se materializa nos modos individuais de entendimento de si e do outro. Desse modo, o modelo heteronormativo se constitui em uma construção ideal, mantida através do tempo e de espaços nos quais se instalam padrões dogmáticos de avaliação e opressão social.

Recordam-se, então, o controle e dogmatismo que se encontram no entendimento da sexualidade por discursos biológicos, que o limitam a um conjunto de características genéticas, anatômicas e hormonais. Entretanto, sabemos que a sexualidade, compreendida de modo mais amplo, contém expressivo significado cultural, e não é simplesmente reduzida a um ato, uma anatomia ou uma função biológica de caráter reprodutivo. Se aceitarmos a influência cultural, a noção biológica de corpo se faz cada vez mais questionável. Nesse sentido, Butler (2003), ao dialogar com Beauvoir (2005), sinaliza que o sexo é mais que uma expressão do corpo e constitui-se em um campo de concepções culturais recebidas e reinterpretadas. Podemos, então, *reafirmar* que tanto sexo como sexualidade têm compreensões culturais.

Todavia, quando se observa que a sexualidade não está determinada por imperativos biológicos, estando sujeita a condicionamentos sociais, culturais, históricos, que se (auto)elaboram e se refletem na leitura desses imperativos, é relevante, também, não desconsiderar a capacidade criativa do conhecimento biológico e suas implicações na manutenção da vida e da sexualidade, como parte dela. A consideração necessária é a da clareza de que mesmo o caráter biológico admite compreensões e significados culturais. Nesse sentido, a sexualidade não se ajusta a um modelo unívoco de viver determinada identidade. Ela é fundamentalmente plural.

Assim sendo, pesquisar sobre sexualidade e gênero, independentemente da atribuição (natural e/ou cultural), é também construir conhecimento com significativa inserção social e política. Essa perspectiva se afina com a definição de Guasch (2000, p. 111) sobre a sexualidade. Para o autor, essa definição configura-se como

> *[...] el conjunto de prácticas y discursos relativos al género, al deseo, a la afectividad y a la reproducción que atraviesan transversalmente el sistema social y cultural. La sexualidad no es natural... la sexualidad está condicionada por el marco socio-cultural en que se ubica y se adecua a la realidad de cada contexto histórico concreto.*

Desse modo, se aceitarmos que a sexualidade assim como a experiência estão condicionadas pela necessidade humana de se construir nas interações sociais, culturais e históricas, aceitaremos também que não há uma única sexualidade. A ausência de liberdade impede o movimento de busca pela completude, na qual *a sexualidade, como dimensão da humanidade*, se constitui.

Como Larrosa Bondía (2002, p. 21) salientou, "[...] a experiência e o saber que dela deriva são os que nos permitem apropriar-nos de nossa própria vida". Em outras palavras, existe um nexo entre a sexualidade, a vida e a curiosidade pelo saber. Esse movimento infinito em busca da completude e em busca do conhecimento é fator que constitui o ser humano e seu desejo de liberdade.

No entanto, ainda que pareça contraditório, não confiamos no desejo como princípio, condição e direito de liberdade. Não cremos, em absoluto, que haja um desejo anterior a um conjunto de normas ou acordos sociais que o faça livre. Nós o pensamos como criado singularmente, mas em redes de relações.

Quanto aos elos entre a sexualidade e a curiosidade pelo saber, é oportuno reler Britzman (2005, p. 59), quando assinala que

> *[...] sin embargo nuestra sexualidad nos da la inestabilidad de la curiosidad, el deseo de aprender y la pasión de ignorar todo lo que se interpone en el camino del aprendizaje. Sin sexualidad no hay curiosidad. El tema de la sexualidad es primordial para la cuestión de convertirse en ciudadano, de modelar un ser capaz de inventar, otra vez, el valor para defenderse, para sentir apasionadamente las condiciones de lo demás, para crear una vida a partir de los experimentos de aprender a amar y de hacer, de este aprendizaje del amor, un amor por el aprendizaje.*

Quem de nós não conhece sujeitos que, mesmo com adversidades, apaixonados por uma ideia, abriram mão de conquistas já obtidas para alcançar outras aspirações? Sem dúvida, a compreensão da sexualidade poderá contribuir, de modo significativo, para novas possibilidades de construção de conhecimentos e caminhos de busca do saber. Não se trata, portanto, de aprisioná-la nos discursos sobre o ato sexual, mas de aproveitá-la em seu potencial epistemológico. Essa análise é especialmente oportuna e necessária à escola.

A discussão na escola

A lógica de reiterar continuamente as fronteiras entre os sexos e suas diferenças complementares (vestimentas, comportamentos...) tem na escola um dos seus mais eficientes instrumentos socioeducativos. O currículo que se realiza nas práticas cotidianas não é um elemento neutro, de transmissão desinteressada do conhecimento, mas influenciado por interesses que são eleitos pela escola e/ou pelo sistema educativo. Inúmeros conteúdos curriculares são cotidianamente transmitidos nas escolas, com possíveis efeitos em exclusões e discriminações, que têm sido causa de expressivos sofrimentos decorrentes da demarcação da supremacia masculina e da heteronormatividade.

Nesse sentido, Paraskeva (2002, p.131) observa que

> [...] a manutenção [errônea e perigosa] da ideia de conhecimento como um artefato relativamente neutro tornando-o apenas em um objeto psicológico ou em um processo psicológico tem permitido uma falaciosa e letal despolitização [quase integral] da cultura.

Já em sua elaboração, os currículos podem absorver os conflitos e os jogos de interesses de múltiplos grupos. Essa dinâmica cotidiana, e sob vários aspectos naturalizada, leva-nos a pensar que não se trata apenas de criticar os conteúdos e a forma como os saberes estão presentes nos programas, nos materiais didáticos, nas orientações governamentais e nas avaliações escolares tampouco somente reivindicar que os currículos sejam contextualizados, social e culturalmente. Se assim o fizermos, desconsideraremos fatores sociopolíticos mais amplos e continuaremos correndo o risco de não compreender o *status* hegemônico, em suas dimensões mais abrangentes, seja ele determinado por políticas locais, ou pela lógica global.

A educação escolar e, por sua vez, o currículo não são, como sugere Apple (1982), elementos neutros e desinteressados. Não deveríamos, a pretexto de atender a necessidades específicas de sujeitos em condições subalternas, que necessitam ser "assistidos", esquecer que as desigualdades são geradas em redes que formam metaforicamente círculos contínuos de relações assimétricas. Em outras palavras, um coletivo de sujeitos pode, no mesmo tempo e espaço, subalternizar e ser subalternizado. Isso porque essas dinâmicas não acontecem em um vazio cultural, político, ideológico, econômico e se interrelacionam diretamente com as dinâmicas de gênero, raça, classe e outros fatores socioculturais.

De forma mais ampla, observamos que as diversas teorias de currículo têm induzido a seleção de conhecimentos considerados importantes, tomando como referência um perfil ideal para constituir a sociedade e garantir o seu planejamento. No leque de teorias curriculares apresentadas por Silva (2002), suas questões sobre a formação humana desejável para um determinado modelo de sociedade são oportunas para pensar em que espaço estão aqueles que, ao criticarem as configurações sexuais, subvertem o planejamento curricular. Vale, então, reafirmar a importância de indagar sobre o tipo de sujeito que se deseja formar:

> Será a pessoa racional e ilustrada do ideal iluminista de educação? Será a pessoa otimizadora e competitiva dos atuais modelos neoliberais de educação? Será a pessoa ajustada aos ideais de cidadania do moderno estado-nação? Será a pessoa desconfiada e crítica dos arranjos sociais existentes preconizados nas teorias educacionais críticas? (SILVA, 2002, p. 15)

Cada pergunta formulada pelo autor refere-se a determinado "perfil" de sujeito e corresponde a determinados tipos de saberes presentes na organização curricular. Entretanto, outras perguntas escapam às que foram feitas: Quais as táticas criadas pelos sujeitos para enfrentarem as lógicas normalizadoras dos currículos? Sobre quais modelos de homens e mulheres, presentes nas várias teorias curriculares, os sujeitos, na escola, se compreendem? Como os movimentos curriculares se rearranjam diante das várias manifestações da diversidade e seus sujeitos?

Perguntas dessa natureza nos levam a pensar que não se trata apenas de defender que as dinâmicas de gênero, raça/etnia, classe e identidades sexuais estejam presentes nos currículos prescritos. Precisamos de um movimento mais abrangente. Necessitamos, ao reescrever a História que cria e legitima as diferenças, questionar as normalizações curriculares que reiteram discriminações, como se elas fossem naturais. Talvez, assim, estaremos atuando no núcleo das políticas sutis que nos limitam a lugares rigidamente predeterminados no mundo.

Se nos orientarmos pela ideia de que a formação do sujeito é fruto de relações sociais e culturais de um determinado espaço-tempo, verificaremos que cada ser humano, dadas as singularidades de suas redes sociais, irá se constituir como único, sendo as expressões da sexualidade também únicas.

Pensamos que a compreensão da sexualidade será resultado de caminhos complexos em que dialogam as configurações biológicas, a afetividade e os desdobramentos sociais, culturais, geográficos e históricos. Dessa maneira, existem tantas sexualidades quanto existem sujeitos no mundo; existem tantos movimentos curriculares sobre sexualidade quanto professores e professoras na escola.

Reafirmamos nosso entendimento da sexualidade como elemento sociocultural, uma aspiração legítima dos seres humanos no sentido de serem amados, valorizados e, ao se valorizarem, aprenderem a amar e a valorizar os(as) demais. Desse modo, é possível ampliar o conhecimento sobre a sexualidade, ao invés de limitá-la à questão orgânica e à reprodução da espécie. Se assim a compreendermos, o debate sobre ela se estenderá a toda a vida – social, escolar – e a todos os sujeitos que buscam ampliar as possibilidades de *ser* no mundo.

> *Mi observación es que no debe entenderse la sexualidad como un tema aislado, sino como las condiciones para la aventura de crear ideas, de teorizar las cuestiones del amor y de la pérdida del amor y de advertir los grandes temas unidos a nuestra sexualidad.* (BRITZMAN, 2005, p. 65)

Desse modo, ainda que as normas sobre os gêneros busquem governá-los de forma dicotômica e estabelecer verdades sobre os sexos, somos impulsionados a repensar os discursos sobre os limites sociais, políticos, culturais, econômicos, que "classificam" homens e mulheres. Devemos saber que essa situação não é linear tampouco desencadeada por simples regras ou interesses. No interior da própria ordem, por dentro da própria lógica de regulação, existem resistências, com significativas repercussões na escola, na construção do currículo e no processo ensino-aprendizagem.

Os marcadores identitários dogmáticos, a exemplo dos sexuais, estão sendo problematizados e desestabilizados em suas pretensas certezas. Desse modo, as questões da sexualidade e das premissas "normalizantes" de gênero que se apresentam ao currículo escolar tornam-se objeto de análises fundamentadas em posturas críticas do dogmatismo.

Sublinhamos, então, essencialmente, o valor de um conhecimento mais conectado com situações concretas da vivência cotidiana. Se as questões da sexualidade são instigantes à renovação e atualização do conhecimento, o que, afinal, tememos? A desestabilidade de nossas certezas sexuais/de gêneros? A desnaturalização dos limites de subalternidade impostos às mulheres, ou a crítica à heterossexualidade androcêntrica e normativa? E quanto à escola, o que tememos? O tom desafinado do silêncio? A opressão do medo? Um questionamento e um tom de voz destoantes? Uma pergunta intrigante? Uma curiosidade que desestabiliza? Um sorriso que incomoda? Felizmente, a escola não é um espaço deslocado da vida e da humanidade, e nossos alunos e alunas não são imagens abstratas. O que aspiramos na escola é uma prática docente em que todos, alunos e alunas, não sejam sujeitos sem voz, silenciados, amedrontados.

No cotidiano escolar dos sujeitos que entrevistamos em nossa pesquisa sobre "Os gestos do silêncio para esconder a diferença" (CAETANO, 2005), a vivência da sexualidade encontrava-se em uma rede complexa de classificações identitárias, que os rejeitavam e oprimiam. Para esses sujeitos manterem-se na escola, foi preciso reunir a capacidade de controle emocional, silenciar e, em alguns aspectos, mentir sobre si próprios.

Na escola, as atitudes de hostilidade às identidades sexuais dissidentes são capazes de gerar inúmeras situações de violências homofóbicas. Algumas, que não se encontram na esfera dos números e dados quantitativos, são vivenciadas no silêncio e ocultadas na invisibilidade.

A discriminação afirma o "direito" dos que discriminam e a subalternidade dos que são discriminados. Nesse sentido, ela é observada nos espaços-tempos escolares. As identidades vinculadas às expectativas de gênero e/ ou sexo biológico estão no interior das hierarquizações e classificações sociais, tanto quanto nos currículos e, mais amplamente, nas ações e relações do cotidiano escolar.

Os movimentos curriculares na escola são espaços de construção, não só de identidades mas também de significados e símbolos que as rodeiam e apoiam. Desse modo, para sujeitos que observam e internalizam a importância da educação escolar, mas temem a sua rejeição, seus anos de escolaridade tornam-se anos de negação de si próprios.

Entretanto, sabemos que a sexualidade é um dos elementos da vida social e cultural que incentivam a vontade de aprender e a força de superar os emperramentos que se apresentam nesse sentido. A sexualidade é primordial para confirmar o sujeito como cidadão, para desenvolver a capacidade de evoluir e de enfrentar os desafios que lhe são postos no mundo e para aprender e fazer dessa aprendizagem uma declaração de confiança na vida e no saber.

"La sexualidad ahora habla muchas lenguajes, se dirige a muchos tipos de personas y ofrece una cacofonía de distintos valores y posibilidades" (WEEKS, 1998, p. 96). Por isso, a sexualidade é tão temida e é capaz de gerar tantos discursos na sociedade, na ciência, na cultura. Sua estreita relação com o conhecimento amedronta os que se nutrem da arrogância, porque fragiliza suas verdades e certezas.

Comentário conclusivo

A proliferação de discursos sobre o eixo gênero-sexualidade reside na própria lógica da dicotomia. A partir de análises, como as de Wittig (2006), sobre o papel político das categorias mulher e homem, poderíamos nos interrogar sobre a oposição binária entre a heterossexualidade e as demais identidades. Assim como o ideal de homem universal foi influenciado por interesses políticos que buscaram estabelecer, ao longo da história, uma hegemonia branca, proprietária, adulta e heterossexual, a categoria "mulher" (com suas implicações na ciência, nas políticas e, por sua vez, na cultura) foi formulada para definir o "outro" (diferente) do "homem" hegemônico e, quando rejeitadas as suas identidades pela lógica heteronormativa, foram classificadas como "o outro" (diferente) da heterossexualidade.

Na lógica binária, residem os discursos homofóbicos. Assim, na polarização entre discursos "em defesa" dos sujeitos da diversidade de orientação sexual e discursos de seus opositores ferrenhos, encontra-se, também, essa mesma lógica. O que propomos é, sobretudo, o avanço epistemológico, político e objetivo, que efetivamente destitua a lógica binária e seus efeitos. Confirmamos, então, que é necessário questionar os processos pelos quais uma forma de sexualidade (a heterossexual) e um governo de gênero (o masculino) acabaram por se tornar a norma e passaram a ser entendidos como "naturais".

Voltamos a Foucault (2001) para observar que é preciso fortalecer, aprofundar e prosseguir esses argumentos, até que as oposições binárias deixem de ter sentido e se consolidem convivências solidárias, em contextos sem discriminações e violências. Como estratégia para fazer difuso o antigo jogo de poder que se instala na relação entre opressor e oprimido, a proposta foucaultiana é a "proliferação" de saberes sobre os seres humanos e as relações de poder que os oprimem, de tal modo que o modelo jurídico de poder como opressão e regulação deixe de ser hegemônico. Talvez, desse significado de "proliferação" de saberes, possamos retirar as bases para "proliferar" inúmeras e ilimitadas formas de compreender os seres humanos, sem as violências, já tantas vezes vivenciadas, e com tantas exterminações em massa, como na Segunda Guerra, devido à não aceitação do "outro", a quem se atribui dessemelhança e desigualdade, potencializando os efeitos destrutivos da xenofobia que, em todas as suas manifestações, incluindo as homofóbicas, conduz e justifica a aversão, o domínio ou a eliminação dos "estranhos", que ameaçam e incomodam o exercício arbitrário do poder.

Referências

APPLE, M. **Ideologia e currículo**. São Paulo: Brasiliense, 1982.

BALLESTEROS, G. D. Conocerte en la acción y el intercambio. La investigación: acción participativa. *In*: GRAF, N.B; PALACIOS, F.; EVERARDO, M. (Comps.). **Investigación feminista**: epistemología, metodología y representaciones sociales. Ciudad de México: CEIICH–UNAM, 2010, p. 210-232.

BEAUVOIR, S. de. **El segundo sexo.** Madrid: Cátedra, 2005.

BONDÍA, J. L. Notas sobre a experiência e o saber da experiência. **Revista Brasileira de Educação,** Campinas, v. 19, p. 19-28, jan./abr., 2002.

BRASIL. Ministério da Saúde. **Secretário comete gafe e é interpelado por travesti.** 26 maio 2004. <Disponível em http://www.aids.gov.br/en/node/32872>. Acesso em: 30 jun. 2004.

BRITZMAN, D. Educación precoz. *In*: STEINBERG, S.; TALBURT, S. (Eds). **Pensando queer**: sexualidad, cultura, educación. Barcelona: Graó, 2005, p. 51-72.

BUTLER, J. **Problemas de gênero:** feminismo e subversão da identidade. Rio de Janeiro: Civilização Brasileira, 2003.

CAETANO, M. **Gênero e sexualidade**: um encontro político com as epistemologias de vida e movimentos curriculares. 2011. (Doutorado em Educação) – Faculdade de Educação, Universidade Federal Fluminense, Niterói, 2011.

_____. **Os gestos do silêncio**: para esconder a diferença. 2005. (Mestrado em Educação) – Faculdade de Educação, Universidade Federal Fluminense, Niterói, 2005.

CALVINO, I. **Seis lições para o próximo milênio.** São Paulo: Companhia das Letras, 1999.

FOUCAULT, M. **História da sexualidade** – A vontade de saber. Rio de Janeiro: Graal, 1988.

______. **Os anormais**. São Paulo: Martins Fontes, 2001.

GRAF, N. B. Epistemología feminista: temas centrales *In*:______; PALACIOS, F.; EVERARDO, M. (Comps.). **Investigación feminista**: epistemología, metodología y representaciones sociales. Ciudad de México: CEIICH–UNAM, 2010, p. 14-33.

GUASCH, O. **La crisis de la heterosexualidad**. Barcelona: Laertes, 2000

HELLER, A. **O cotidiano e a história**. Rio de Janeiro: Paz e Terra, 1989.

LOURO, G. L. Pedagogias da sexualidade. *In*: ______. **O corpo educado**. 2 ed. Belo Horizonte: Autêntica, 2000, p. 7-34.

MAFESSOLI, M. Homossocialidade: da identidade às identificações**. Revista Bagoas,** Natal, RN, 2007. Disponível em: <http://www.cchla.ufrn.br/bagoas/v01n01art01_

maffesoli.pdf>. Acesso em: 16 jan. 2011.

MOGROVEJO, N. **Um amor que se atrevo a decir su nombre** – la lucha de las lesbianas y su relación con los movimientos homosexual y feminista en América Latina. México: Plaza y Valdés, 2008.

OAKLEY, A. **Sex, gender and society**. New York: Harper Books, 1972.

PARASKEVA, J. M. M. W. Apple e os estudos [curriculares] críticos. **Currículo sem Fronteiras**, v.2, n.1, p. 106-120, jan./jun. 2002.

PRINCE, V. The transcendents or trans people. **Revista Transvestia,** v. 16, n. 95, p. 81-92, 1978.

RODRÍGUEZ, M. El feminismo francés de la diferencia. *In*: AMORÓS, C. (Comp.). **Historia de la teoría feminista**. Madrid: Instituto de Investigaciones Feministas de la Universidad Complutense de Madrid/Consejería de Presidencia, Dirección General de la Mujer, 1994a, p. 203-222.

_____. Las filosofías de la diferencia. *In*: VALCÁRCEL, A. (Comp.). **El concepto de igualdad.** Madrid: Fundación Pablo Iglesias, 1994b, p. 95-112.

RUBIN, G. Reflexionando sobre el sexo: notas para una teoria de sexualidad. *In*: VANCE, C. **Placer y perigo:** explanando la sexualidad femenina. Madrid: Talasa Ediciones, 1975, p. 113-190.

SCOTT, J. W. Gender: a useful category of historical analysis. *In*: _____. **Gender and the politics of history.** New York: Columbia University Press, 1975, p. 28-50.

SILVA. T.T. da. **Documentos de identidade**: uma introdução às teorias de currículo. 2 ed. Belo Horizonte: Autêntica, 2002.

STOLLER, R. **Sex and gender:** on the development of masculinity and femininity. New York: Science House, 1968.

UNGER, R. K. Toward a redefinition of sex and gender. **American Psychologist**: **Journal Information Online.** v. 34, Issue 11, nov. 1979.

WEEKS, J. **Homosexual politics in Britain**: from the nineteenth century to the present. London: Quartet Book, 1998.

WITTIG, M. **El pensamiento heterosexual y otros ensayos**. Barcelona: Egales, 2006.

DIVERSIDADE E EDUCAÇÃO: APONTAMENTOS SOBRE SEXUALIDADE E GÊNERO NA ESCOLA

Jonas Alves da Silva Junior

Neste capítulo, motivado por fundamentos e dados de pesquisa implementada no Curso de Doutorado em Educação da USP (SILVA JUNIOR, 2010), reveem-se abordagens de gênero e sexualidade, com atenção à crítica a concepções equivocadas, que contagiam a escola e a sociedade, justificando discriminações e práticas homofóbicas. Do ponto de vista metodológico, o estudo caracteriza-se como um ensaio descritivo, apoiado por revisão de autores que reafirmam e corroboram concepções amplas e consistentes de discussão conceitual.

Inicia-se, então, lembrando que, desde as décadas de 1960 e 1970, expressivas mudanças socioculturais e históricas ocorreram, no que se refere às perspectivas das relações de gênero e sexualidade. Essas mudanças se acentuaram de modo significativo, a partir, não apenas da atuação de movimentos sociais mas também da emergência da discussão da AIDS nos anos 80.

Novas maneiras de entender e discutir as questões foram sendo consideradas, com desdobramentos na esfera social e política (por meio de Organizações Não Governamentais/ONGs, de movimentos sociais e de políticas públicas) e, na esfera acadêmica, com a efetivação de estudos em vários campos de conhecimento, que têm direcionado seu foco para a sexualidade e as relações de gênero, como fenômenos a serem conhecidos de modo mais fundamentado, expandindo sua discussão para outros aspectos, como os das identidades e seus fundamentos históricos e culturais.

Desvelar a importância do âmago deste ensaio demanda, então, considerar aportes da literatura. Essa literatura, significativamente ampliada por novos estudos e pesquisas nas últimas décadas, possui aspectos instigantes, pois está longe de uma consonância no que alude à compreensão da sexualidade. Loyola (1998) considera que essa compreensão modifica-se com base nos esquemas conceituais empregados e em função dos pontos de vista a partir dos quais o assunto é tratado. Assim, a sexualidade pode ser interpretada sob o espectro da família e/ou parentesco, concebida como essencial à subjetividade e/ou às identidades individuais e sociais, pensada como representação ou, simplesmente, deduzida como atividade ou comportamento, ângulo no qual, de acordo com alguns autores, os comportamentos sexuais propendem a ser entendidos como a essência da sexualidade.

Vale lembrar que, na perspectiva de desvelamento das implicações da sexualidade, enfatizadas por Michel Foucault (2007, p. 100), "[...] a formação dos conhecimentos, o reforço dos controles e das resistências encadeiam-se uns aos outros, segundo algumas grandes estratégias de saber e de poder". Essa análise pode também fundamentar a observação de que o conhecimento sobre a sexualidade no Brasil é arrolado às estratégias e conveniências do poder de uma sociedade pós-colonial e, de certo modo, com resquícios escravistas.

O processo de ascensão da sexualidade como fulcro para a compreensão de comportamentos e acepção das identidades apresentou-se como artefato de um novo dispositivo de controle social, considerando-se que, por meio dela, fortaleceu-se na sociedade ocidental a normalização, tão bem explicitada em sua gênese nos aportes foucaultianos e ainda hoje aprofundada em suas fontes históricas e culturais em aportes da homocultura, gênero e sexualidade.

As distinções entre os enfoques que ponderam sobre a relevância e amplitude das concepções da sexualidade são particularmente estimulantes ao debate. As confluências de enfoques permitem notar que essas concepções revelam uma dimensão circunstanciada dos sujeitos e, nesse aspecto, são próprias de cada contexto cultural. É pertinente reler Heilborn (1999), quando focaliza essa discussão no campo das pesquisas sobre sexualidade no Brasil. De acordo com a autora, os contextos que auxiliam a visibilidade de fatores e implicações nesse campo são aqueles nos quais há uma ideia de pessoa, na qual interiorização e individualização compõem a subjetividade. Essa noção de pessoa, que implica questões referidas ao sujeito moderno ocidental, só seria, portanto, considerada em contextos sociais específicos.

Nessa revisão de aportes, portanto, observam-se avanços em relação a concepções limitadas da sexualidade, que lhe conferem uma acepção isenta de elementos históricos, culturais e sociológicos. Aportes mais abrangentes trazem compreensões associadas a outras esferas de significação, congregando, também, presumíveis fatores individuais. Os estudos comparativos são, então, orientados pelo interesse em perceber como as questões do sexo e da reprodução são compreendidas em distintos contextos culturais e sociais, e como se evidenciam, em determinadas sociedades, influências políticas e de *status* social nessa compreensão, valendo reler, nesse sentido, o estudo de Orner e Whitehead (1980).

Desse modo, esse âmbito temático incorpora uma variedade de perspectivas e significações, ressaltando-se, portanto, a importância de refletir, com especial cuidado, sobre a amplitude do conceito de sexualidade, buscando-se refinar as diferenças entre sua concepção e a de sexo e gênero, assim como as relações entre seus significados.

Sexo e sexualidade são frequentemente tomados como sinônimos; todavia, sexo admite uma compreensão referida ao aspecto natural, biológico, da distinção física entre o homem e a mulher. No senso comum, o sentido de sexo remete ao ato sexual. Já sexualidade refere-se à esfera mais ampla, dos sentimentos, das interações entre as pessoas. A revisão de Guimarães (1995) e Chauí (1991) é oportuna.

Guimarães (1995, p. 24) assinala que

> [...] sexualidade é um termo também do século XIX, que surgiu alargando o conceito de sexo, pois incorpora a reflexão e o discurso sobre o sentido e a intencionalidade do sexo. É um substantivo abstrato que se refere ao "ser sexual".

Chauí (1991) concorda que o maior alcance da concepção da sexualidade propiciou avanços para além dos limites de seu entendimento como função natural de reprodução da espécie, geradora de prazer ou desprazer, para ser percebida como um fenômeno mais global, que abarca fatores mais abrangentes da vida e da experiência humana, incluindo, até mesmo, expressões e significados de gestos, palavras, afetos, sonhos, humores, enfim, sentimentos que, aparentemente, não seriam considerados nos estudos das implicações da sexualidade sem um aprofundamento de suas circunstâncias e efeitos.

Reafirma-se, portanto, que a referência à sexualidade somente como prazer ou como mecanismo de reprodução é limitada, incompleta, reduzida em seu sentido. A compreensão da sexualidade humana é perpassada pelas relações de gênero. No entanto, volta-se a sublinhar que, por mais que possam estar associadas no entendimento de senso comum, a sexualidade, o sexo e o gênero não são fenômenos com o mesmo significado. Quanto à limitação do sentido de sexo, Weeks (2000, p. 43) assim o identifica:

> [...] como um termo descritivo para as diferenças anatômicas básicas, internas e externas ao corpo, que vemos diferenciando homens e mulheres. Embora essas distinções anatômicas sejam geralmente dadas no nascimento, os significados a elas associados são altamente históricos e sociais.

O termo gênero é, então, empregado "[...] para descrever a diferenciação social entre homens e mulheres", e o termo sexualidade "[...] como uma descrição geral para a série de crenças, comportamentos, relações e identidades socialmente construídas e historicamente modeladas". (WEEKS, 2000, p. 43)

Autores como Bozon e Heilborn (1999) também já haviam enfatizado a inadequação de pensar que a sexualidade ostenta o mesmo lugar na constituição da pessoa em diferentes culturas nacionais e, até mesmo, em distintas conjunturas culturais de uma sociedade complexa e heterogênea, uma vez que a sexualidade pode contrair significados e valores distintos para as pessoas que participam de diferentes segmentos sociais. Nesse enfoque, pondera-se que, entre certos segmentos, a sexualidade não se revelaria como alusão fundamental para a fixação identitária, nem comporia um domínio de significações isoladas de seu contexto cultural. Ponderações dessa natureza questionam qualquer asserção generalizante sobre sexualidade que irrompa uniformemente em uma sociedade complexa.

Portanto, é nítido que o tema sexualidade é demasiado vasto e complexo, extrapolando concepções que o simplificam e reduzem o seu significado *na* e *para* a vida. A concepção mais abrangente é ressaltada em vários campos de conhecimento, fortalecendo a relevância do entendimento da sexualidade em seus múltiplos fatores e expressões.

No âmbito dos vários fatores a serem considerados, é importante lembrar que a sexualidade dos homens foi promulgada de maneira diferente das mulheres, principalmente no que se refere à sua possibilidade de poder demonstrar menos emoção e afetividade, porque culturalmente foi-lhe imbuída a ideia genitalizada de sexo, o que não propicia uma satisfação completa da vida sexual e da experiência da sexualidade como um todo. Essa análise vem novamente ressaltar que, em relação à sexualidade, tanto o gênero masculino quanto o feminino têm encontrado limites do alcance de seu significado.

Quanto a fatores psíquicos, recorda-se que Foucault (2001) observou, em seu curso "Os anormais", que é possível precisar quando a sexualidade foi colocada no âmago da apreensão da vida psíquica humana, mais exatamente na obra "Psychopathia Sexualis", do psiquiatra alemão Heinrich Kaan (1844). A produção no campo da Psiquiatria foi, de forma progressiva, delineando a sexualidade como o *locus* para a classificação das condutas, gerando muitas questões e dúvidas incorporadas a pesquisas científicas.

Assim, no século XX, um novo ramo da Ciência, a Sexologia, veio prescrever condutas na forma de viver a sexualidade. Desse modo, chega-se às abordagens biomédicas, que interpretam, com frequência, a sexualidade como consequência da fisiologia, influindo no sentido de conceber o corpo como detentor de um funcionamento modelado por padrões universais, vinculados à sua dimensão biológica e compreendidos por meio de seus determinantes. Desse modo, afirmam-se as ideias de "naturalizar" as questões concernentes à sexualidade e as de compreender as diferenças instituídas entre homem e mulher a partir de critérios da Biologia. Estudos, como o de Heilborn (1999), questionam essas ideias e fortalecem o contra-argumento, reafirmando que a sexualidade é imbricada por fatores socioculturais e que existem modelos culturalmente específicos, que poderão ter acepções diretamente opostas em diferentes contextos, ou mesmo entre os membros de uma dada cultura.

Nessa perspectiva, lembra-se, ainda, que as abordagens feministas, quando introduziram o debate conceitual, ressaltaram a importância de diferenciar sexo biológico e gênero e enfatizaram o princípio de que as expressões "mulher e homem" são construções culturais, e não classificações "naturais". Compreende-se, então, que "mulher e homem" tenham muitos sentidos, instaurados socialmente, sendo preciso questionar todos os seus aspectos subjetivos e "[...] a esfera do comportamento e da ideologia, além de analisar o corpo, suas funções e sensações, como potências (e não limites), incorporados e mediados pela cultura". (VANCE, 1995, p. 22)

Recorda-se e reafirma-se, portanto, que a sexualidade, como construção social, tem absorvido, historicamente, em seus significados, elementos das relações de gênero, frequentemente submetidas a prescrições de como homens e mulheres devem vivenciá-las. Contudo, apesar da sexualidade estar imbricada, implícita ou explicitamente às relações de gênero, essas não são consideradas sinônimas (LOURO, 1998). A vivência da sexualidade não é determinada por normas padronizadas, às quais homens e mulheres devem se adaptar. Esse é um dos princípios que motivam e sustentam significados mais amplos da sexualidade e promovem a sua problematização, que incorpora aportes como os que são revistos nas relações de gênero.

Problematização das relações de gênero: revisão de dados históricos e conceituais

Quando se contempla minuciosamente a história, observa-se que a sexualidade sempre foi alvo de discursos que expressaram e imprimiram inquietações. Em seus estudos sobre "História da sexualidade", Foucault (1988, 2007) já alertava que, desde o século XVIII, o sexo tem aguçado um tipo de erotismo discursivo generalizado.

Com a discussão da AIDS e com os alarmantes índices de gravidez na adolescência, as políticas públicas começaram a se movimentar em torno de programas de prevenção, na expectativa de amenizar esses problemas. Todavia, no contexto escolar, ainda que seja possível notar alguns esforços no que tange à discussão da sexualidade, frequentemente esse assunto é tratado apenas sob o viés da prevenção, do medo da doença e da morte, adicionado a uma certa apreensão moral. A visão é quase sempre biológica: ensinam-se a anatomia dos órgãos sexuais, como se configura a fecundação, o nascimento, os métodos contraceptivos, bem como as táticas de prevenção das doenças sexualmente transmissíveis. Entretanto,

> [...] embora o corpo biológico seja o local da sexualidade, estabelecendo os limites daquilo que é sexualmente possível, a sexualidade é mais do que simplesmente o corpo [...]. A sexualidade tem tanto a ver com nossas crenças, ideologias e imaginações quanto com nosso corpo físico. (WEEKS, 2000, p. 38)

Quando volta-se a realçar com Weeks (2000) a concepção ampla da sexualidade, volta-se, também, a sublinhar que o seu significado envolve a dimensão do afeto, da subjetividade e da intersubjetividade e está inscrito no âmbito das questões da sociedade e da cultura, da qual a dimensão de gênero deve ser levada em consideração.

Vale, por conseguinte, lembrar que o vocábulo "gênero" começou a ser registrado e disseminado no movimento feminista. "As feministas começam a utilizar a palavra 'gênero' mais seriamente, em um sentido mais literal, como uma maneira de se referir à *organização social* da relação entre os sexos" (SCOTT, 1990, p. 5). As mulheres proporcionaram notoriedade a esse conceito, como resultado de iniciativas no sentido da emancipação feminina contra a opressão. Nessa conjuntura, a discussão do conceito de gênero emerge com mais intensidade.

As abordagens feministas pós-estruturalistas se afastam daquelas concepções que interpretam o corpo como uma instituição biológica universal, para investigá-lo como um *construto* sociocultural e linguístico, fruto e efeito das relações de poder. Nesse aspecto, o conceito de gênero passa a incorporar os matizes de construção social, cultural e linguística, enredados com demarcações que distinguem mulheres de homens, e "normas" que determinam sua conduta. A compreensão ampla do conceito de gênero prioriza, justamente, a análise crítica dos processos de constituição dessas distinções, de fundo biológico, comportamental ou psíquico. Por isso, esse conceito, em uma compreensão mais abrangente, não se limita a abordagens que propendem apenas à focalização de comportamentos e funções de mulheres e homens. Considera-se, então, que as instituições, os símbolos, as regras, os saberes, as leis, os comportamentos e as políticas de uma sociedade são instaurados e perpassados por concepções de feminino e masculino, devendo-se, consequentemente, observar como se constroem e/ou ressignificam essas concepções. (SCOTT, 1990; LOURO, 1998; MEYER, 2003)

Contudo, na literatura sobre sexualidade, tanto se encontra a concepção de gênero do ponto de vista de condutas sexuais e/ou de diferenciação sexo/gênero como do ponto de vista de aportes recentes da crítica a essa diferenciação. É exatamente sobre os pressupostos da associação ou dissociação de significados e sobre marcadores que delimitam e definem diferenças, que se localiza um dos elementos intrigantes da literatura sobre sexualidade, cujas implicações incluem a subalternização da mulher.

Ao refletir sobre a submissão das mulheres, algumas abordagens feministas também foram precursoras na crítica à relação direta e "naturalizada" entre reprodução e gênero (ou seja, à noção de que o gênero está acoplado à função que homens e mulheres desempenham na reprodução biológica), o que propicia, entre outras consequências, confundir e limitar a compreensão da sexualidade. Ao investigar fatores que influenciam a concepção biológica de sexo e gênero, Rubin (1975) produziu um dos estudos pioneiros dessa discussão, evidenciando que esse entendimento está aportado em um desígnio que propende a aparecer de forma mais ofuscada: aquele que o submete à heterossexualidade.

Essas questões foram aprofundadas no campo dos debates feministas, no qual vertentes norte-americanas, especialmente as que enfatizam a crítica à pornografia, terminaram enleando, em um raciocínio circular, sexualidade e gênero. Nessa discussão, que está bem longe de ter chegado a conclusões determinantes e que influencia debates que têm lugar no Brasil, encontram-se abordagens mais consistentes, lembrando-se de postulados, como os de Mackinnon (1982), que referendam e apoiam na compreensão da sexualidade a ingerência do poder, consolidado por meio de normas que regulam as relações de gênero. Assim, confirma-se a premissa de que a heterossexualidade instaura a dominação sexual masculina e a subordinação feminina, justificadoras de discriminações e violências, no contexto opressor da estratificação sexual.

Os questionamentos à estratificação sexual se associam, entre outros aspectos, aos enfoques da diferenciação entre sexualidade não reprodutiva e reprodutiva. Vertentes inscritas nas pesquisas dos teóricos *queer* ressaltam, enfaticamente, esses questionamentos, assinalando, inclusive, que a noção de sexualidade reprodutiva ocupa um pequeno espaço no amplo campo da compreensão da sexualidade. Essas vertentes também incentivam, com vigor, a crítica à estratificação sexual manifesta nas sociedades modernas.

Volta-se, então, a Scott (1990, p. 7), para reafirmar a observação de que existem vários significados de gênero que são apregoados para o debate, a exemplo dos que se limitam a demarcações de desempenhos masculinos e femininos. Porém, a compreensão das relações que se propõem nesses significados "[...] pode incluir o sexo, mas não é diretamente determinada pelo sexo, nem determina diretamente a sexualidade".

Assim, encontram-se aportes que *fortalecem e consolidam* o princípio de que as relações entre gênero feminino e masculino se configuram como construções socioculturais e históricas, cuja compreensão não se limita a diferenças biológicas de sexo e admite possibilidades de transformações. Ratifica-se, portanto, o entendimento de que as relações sociais fundamentadas em demarcações de diferenças entre os sexos postulam-se como um modo primário de imprimir sentido às relações de poder, lembrando-se, mais uma vez, Foucault (1999), quando sugere a compreensão do exercício do poder como um processo em relação e não como um aspecto que se possui, ou se apreende.

E quando se consideram pontos de vista que estabelecem a cultura como sendo um campo de estudos que também visibilizam relações de poder e significados multifacetados, nem sempre afluentes, de masculinidade e de feminilidade, ideias essencialistas, universais e trans-históricas de homem e mulher – no singular – passam a ser concebidas como excessivamente simplistas e questionáveis. Justamente porque o conceito de gênero absorve uma multiplicidade de fatores e processos pelos quais se distinguem corpos e sujeitos femininos e masculinos, é indispensável reconhecer a justaposição de gênero com outras insígnias sociais, tais como: classe, raça/etnia, sexualidade, geração, nacionalidade. Também é importante reconhecer que cada uma dessas justaposições repercute em transformações significativas nos modos pelos quais as feminilidades ou as masculinidades se apresentam, ou podem apresentar-se, em contextos culturais.

Se, como assinalou Simone de Beauvoir (1980), não se nasce mulher, mas se *torna* mulher, o mesmo se pode proferir em relação aos homens. Por isso, realçam-se os estudos que aprofundam a compreensão de processos e práticas sociais e culturais, em cujo contexto se constroem e/ou se formam sujeitos como mulheres e homens, nomeadamente quando se deseja superar argumentos que justificam relações de poder e delimitam identidades masculinas e femininas.

Os frutos dessas delimitações são visíveis nas investigações atuais. Se há teorias que apoiam a noção de uma identidade relativamente estável de gênero, as vertentes que concebem as identidades como líquidas evidenciam a fragilidade dessa noção. Por um lado, abdica-se de focalizar os amplos significados sociais, humanos, políticos de *ser* mulher ou homem. Por outro lado, acredita-se na urgência de estudar as diferentes maneiras pelas quais o gênero se institui socialmente.

Concomitante a tudo isso, é relevante registrar que a ênfase no caráter essencialmente histórico, sociocultural e linguístico de gênero não propõe contestar que ele se constitui em – e por meio de – corpos, pois não se está refutando a materialidade do corpo ou afirmando que ela não serve como referência das investigações da sexualidade. No entanto, ao alterar o centro dessas investigações do “corpo em si” para questões mais amplas, consideram-se análises criticossociais e culturais dos sistemas e analogias influenciadas por determinações biológicas das distinções de gênero, que subentendem hierarquias de poder e categorizações sociais. Pode-se lembrar, como exemplos simples dessas categorizações, a noção, ainda arraigada em algumas políticas de formação profissional dirigidas a populações de baixa renda, de que ser mulher é a condição precípua para ser uma apropriada cuidadora de crianças pequenas e detentora exclusiva de uma característica e condição subjetiva, de natureza orgânica, denominada instinto materno.

Desse modo, reconsidera-se o princípio de que debater sobre gênero requer, fundamentalmente, transportá-lo para o contexto das práticas e relações sociais. Assim, para Xavier Filha (2000, p. 28-29),

> [...] não é no ambiente social que os sujeitos se fazem homem e mulher em um processo continuado e dinâmico, dado no nascimento e, a partir daí, selado para sempre, mas como processo de vida inteira no contexto das práticas sociais.

Louro acrescenta a essa análise a observação de que a categoria "gênero" está submersa nas instâncias sociais, *reafirmando* que está entranhada nas relações de poder. Porém, as "[...] relações de gênero não representam um poder linear, ou seja, o poder do homem em relação à mulher, mas poderes em ação" (LOURO, 1998, p. 29). Assim sendo, o entendimento das relações de gênero implica a noção de que, no decorrer da vida, por intermédio das mais díspares instituições e práticas sociais, os sujeitos se constituem como homens e mulheres, em uma ação que não é unidimensional, coerente ou congruente e que também sempre estará inacabada ou incompleta.

A partir desse pressuposto de incompletude, encontra-se fundamento para realçar a noção de gênero na educação, já que essa disposição teórica expande socialmente a própria ideia de educação, podendo-se entender que educar envolve um conjunto de forças e de processos (que compreendem, na atualidade, vetores como a mídia, os brinquedos, a literatura e as manifestações artísticas), em cuja dinâmica os sujeitos aprendem a se aceitar como homens e mulheres, na esfera das sociedades e dos grupos em que estão inseridos. Essa é mais uma premissa que contribui para a *desconstrução* de *estereótipos* que limitam e reduzem a compreensão, social e culturalmente contextualizada, de gênero.

Identidades sexuais: revisão de perspectivas de desconstrução de estereótipos

É relevante lembrar que, frequentemente, os mecanismos de expressão da superioridade masculina admitem que ser masculino possa significar ser violento, dominador e intolerante. Encontra-se ainda o papel masculino dominador em acepções socioculturais de poder, na divisão das condutas, nas cores e na repartição dos brinquedos às crianças. É o patriarcalismo estratificado em todos os aspectos da sociedade.

Em decorrência, é também importante reconsiderar, neste ensaio, a discussão que relativiza, historicamente, a posição dos que, de modo arbitrário, asseguram a "naturalidade" do chamado "machismo" e assumem toda repulsa e resistência à mulher e à(ao) homossexual. Esse é o delineamento do protótipo radicalizado de "homem machista": é o sujeito que "ama" ele próprio e reverencia seu próprio sexo e o de seus iguais; com a mulher, tem uma relação de autoridade e poder. Nas rodas de amigos, chacoteia e ironiza os(as) homossexuais, ao rejeitar o homem efeminado, porque esse é para ele a representação da degradação qualitativa do que se considera ser homem.

Todavia, todas essas questões não acontecem de forma consciente, pois são orientadas por um sistema ideológico de edificação radicalizada do machismo e da heterossexualidade. Por isso, em graus mais assustadores, e quando se vê "pressionado", o homem passa a se comportar de modo violento: censura, domina, agride e/ou assassina. Esse tipo de concepção equivocada e ameaçadora de ser masculino só deposita confiança em homens que tenham essa mesma manifestação exibicionista e opressora de masculinidade e que suspeitam das mulheres que se encontram, profissionalmente, em cargos relevantes, formulando sobre elas a hipótese de que possam confirmar a hierarquia do machismo na sociedade, ao serem condescendentes com as regras vigorantes.

Portanto, se os estereótipos que influem na demarcação estigmatizada dos desempenhos que definem o homem e a mulher não forem visibilizados e discutidos, não será possível uma verdadeira reeducação sexual. Acredita-se, mesmo, que o fluxo de consolidação desses estereótipos exerce um forte apelo a se prosseguir reproduzindo os mesmos mecanismos heteronormativos e coercitivos de poder. A sociedade, então, acaba ecoando a matriz que se origina no nível da macroestrutura social, no qual predominam o poder, o controle, a barbárie e a exclusão. Se essa matriz não for visibilizada e questionada, o resultado será o recrudescimento do preconceito, da discriminação, da exclusão e da violência.

Por conta disso, mesmo sendo a instituição escolar um espaço significativo de formação humana integral e de inclusão das diversas identidades sociais, lidar com a sexualidade na escola tem sido ainda um trabalho bastante complexo. Volta-se à análise de que, quando esse tema é tratado no currículo escolar, comumente, como observa Deborah Britzman (1996, p. 86), o debate circula em torno das funções reprodutivas, higiene pessoal, controle de natalidade e prevenção de doenças sexualmente transmissíveis, reduzindo-se, então, as questões da sexualidade ao espaço das respostas certas ou erradas sobre condutas.

A legislação educacional ainda carece de programas que problematizem as diversas implicações socioculturais e políticas da sexualidade, que tem sido focalizada nas orientações curriculares nacionais "[...] como um invariante histórico, uma entidade natural que perpassaria todas as culturas, ainda que se manifeste nessas de formas diferentes" (ALTMANN, 2001, p. 581). Mesmo referindo-se à diversidade de configurações da sexualidade, conceitos como homossexualidade ou heterossexualidade sequer são mencionados.

A educação institucional tem contribuído para a legitimação de algumas identidades ditas naturais, almejáveis, e no negligenciamento de outras, consideradas transgressoras, anômalas (SILVA, 2002). Outros pesquisadores, como Britzman (1996), endossam essa análise, observando que o currículo escolar está conectado intrinsecamente à construção de identidades sociais e, no que tange às identidades sexuais, essa construção se configura por meio de representações e interpretações "normalizadas" de sujeitos.

Entretanto, em meio a violências e opressões assistidas cotidianamente em tantas ocorrências de crimes e mortes, ressalta-se a importância de que se mantenha a reflexão sobre as limitações de se considerar a heterossexualidade como arquétipo natural do ser humano e como "norma", por meio do "[...] pressuposto universal da heterossexualidade, ou seja, da concepção de que todo mundo é, ou deveria ser, heterossexual e de que a heterossexualidade é marcada por meio de rígidos binários de gênero" (BRITZMAN, 1996, p. 76). Quem viola os limites de gênero e dessa heteronormatividade compulsiva é considerado(a) ressalva à norma e sujeito a sanções e "punições", que podem ser consideradas "naturais". Dessa forma, volta-se a considerar que a escola, ainda que de forma inconsciente e não declarada, pode ser envolvida pela construção sociocultural de identidades hegemônicas que enfatizam relações dissimétricas de poder, gerando opressão, discriminações, exclusão e violências contra pessoas e grupos sociais.

Louro (2000) então observa que, concomitantemente, aparecem, nos intramuros da escola, sujeitos que destoam do trinômio sexo-gênero-identidade sexual, ao ocuparem níveis de fronteira entre o masculino e o feminino. Eles assumem uma identidade homossexual e é dessa forma que se reconhecem, colocando em xeque a propensão sociocultural normalizadora. Esses indivíduos reforçam a noção de que a sexualidade não existe em uma condição latente e congênita, logo, natural e fixa, do ser humano, mas sim, como uma constituição centrada em um tempo e espaço culturalmente estabelecidos.

Ao se revelarem como "diferentes", os(as) estudantes homossexuais e suas presenças nos ambientes da sociedade e da escola, além de gerarem aflições e estranhamento, têm demonstrado e *reafirmado* que a sexualidade está circunscrita para além de uma dimensão meramente pessoal: ela é social e política. (LOURO, 2000)

Junqueira (2009, p.16) complementa essa análise, observando que a homofobia não é apenas admitida mas também "[...] adquire nítidos contornos educacionais":

> Ao ser não apenas consentida, mas também ensinada, a homofobia adquire nítidos contornos institucionais, tornando indispensáveis pesquisas que nos permitam conhecer a fundo as dinâmicas de sua produção e reprodução nas escolas, bem como os seus efeitos nas trajetórias escolares e nas vidas de todas as pessoas. Somos também desafiados a construir indicadores sociais de homofobia nos sistemas escolares para, entre outras coisas, formularmos, implementarmos e executarmos políticas educacionais inclusivas.
>
> (JUNQUEIRA, 2009, p. 16)

Cabe, por conseguinte, retornar a um aspecto relevante de reflexão: o de que ser "homossexual" e ser considerado "*anormal*" decorrem de preconceitos justificadores de antagonismos a formas dissidentes da sexualidade normativa heterossexual. É no sentido de identidades sexuais que contrariam a norma heterossexual que se pode compreender a presença de sujeitos considerados transgressores no ambiente escolar, quer sejam alunos(as) ou professores(as). Talvez, por isso, a presença dos(das) que se assumem como homossexuais produza uma corrente de conflitos na turma e no ambiente escolar, porque atinge todos os atores desse espaço: professores(as), funcionários(as) e alunos; esses conflitos vão desde ironias e piadas até condutas hostis e protestos de estudantes que contestam e rejeitam a sua presença, a ser proibida, rechaçada, hostilizada.

É oportuno indagar se é plausível que a manifestação aparente de identidades sexuais não normativas na escola colabore para desajustar o dispositivo de rejeição ou, ao contrário, para realçá-lo, uma vez que a construção da heterossexualidade e da homossexualidade tem se configurado por meio de oposição recíproca. No mesmo sentido, é apropriado indagar sobre o alcance político de transformação para uma escolarização radicalmente não heterossexista e excludente, com base na visibilidade dessas identidades.

Nessa perspectiva, enfatiza-se a relevância da efetivação de pesquisas sobre a presença de sexualidades não normativas no espaço escolar, como forma de ampliar vetores de análise dos processos socioeducacionais possivelmente geradores de antagonismos e exclusão, que se contrapõem a políticas que realçam o princípio da autonomia na educação inclusiva e, nela, o respeito ao significado plural da diversidade, sem imposição de uma única identidade central, padrão.

O centro dos discursos legais tem sido a justiça e a equidade, considerando-se as diferenças socioculturais e identitárias como patrimônio da diversidade (BRASIL, 2007), embora ainda persistam, subliminarmente, as invocações à uniformização e ao uso da sexualidade como uma vertente normativa e legitimadora de uma identidade sexual "suprema", que se almeja imutável e "natural".

Por conseguinte, ao se afastarem da norma, os sujeitos que a transgridem problematizam polarizações de conceitos de gênero e sexualidade constantes no currículo escolar, rompendo a normalização e realçando a força política de sua autonomia. A *teoria queer* aprofundada pelos pós-estruturalistas, é especialmente fecunda para essa discussão na sociedade e na escola.

É necessário, então, pensar sobre *como se aprende* sobre sexualidade. Segundo Kupfer (2001), o processo educativo promove a comunicação de um conjunto de conhecimentos construídos e armazenados historicamente, nos quais se inclui a sexualidade, e o ser humano é movido por um desejo de saber, favorável a aprendizagens espontâneas, que vão além de diretrizes programáticas.

Sayão (2000, p. 113) contribui para essa análise em sua abordagem sobre impasses do aprendizado da sexualidade e a função da escola.

> Sabemos que o aprendizado, de uma forma geral, está subordinado às primeiras curiosidades infantis. A não satisfação das curiosidades da criança sobre a sexualidade gera tensão e ansiedade na medida em que se constituem em questões significativas para cada sujeito e em núcleos importantes que impulsionam o desejo de saber ao longo da vida. A paixão pelo aprender articula-se com o prazer que também é vivido no âmbito da sexualidade. A sexualidade, assim como a inteligência, será construída a partir das características singulares e de sua articulação com o meio e a cultura.

Contudo, o que se espera da escola, no interesse de ensinar e aprender, mais amplamente, sobre sexualidade, encontra barreiras em processos e atitudes homofóbicas que ainda permanecem contaminando o seu ambiente.

Ninguém pode calar: homossexualidades e homofobia na escola

Mais do que uma conversa entre a constituição de gênero e a sexualidade, o que parece suceder é mesmo alguma "confusão" entre esses dois termos e seus significados. Inclusive, é possível observar que, entre eles, o que se exprime como uma dificuldade para a escola é o da sexualidade, sobretudo, a homossexualidade. A homossexualidade faz parte do cotidiano escolar, seja como caso (estudantes categorizados como tal) ou como tema, quando o assunto surge nas interações entre os atores escolares. Mediante essa circunstância, cabe indagar: De que maneira a homossexualidade é evidenciada nos discursos escolares? A que estão prestando esses discursos? A quem estão apoiando e a quem estão incomodando? Até que limite a escola está debatendo novas concepções? Mais ainda, cabe discutir *os silêncios dessas questões na educação e na escola.* (FERRARI; MARQUES (orgs.) 2011)

A instituição escolar está sendo convidada a considerar o embate em que se encontra a homossexualidade, principalmente no que tange à luta contra a homofobia. Os movimentos políticos, preocupados com os equívocos sobre os determinantes da homossexualidade, geralmente afinados com a ideia de patologia, e preocupados também com a edificação de conceitos e discursos mais positivos dessas identidades, cooperaram para alocar a educação no núcleo das atenções, ao solicitarem investimentos e uma parceria mais efetiva com o Estado, com atenção ao conhecimento mais fundamentado de educadores e educadoras e, também, com atenção aos jovens em tempos de DST/AIDS.

Outro fato relevante, que serviu para evidenciar uma perspectiva de transformação da abordagem da homossexualidade no espaço escolar, foi o crescente debate de tópicos sobre diversidade sexual, em distintos espaços (Câmara dos Deputados, Universidades, Organizações Não Governamentais (ONGs) e outros), possibilitando a problematização e permitindo ações afirmativas de luta contra a intolerância e a violência. Exemplos disso são o Programa "Brasil sem Homofobia" e o "Plano Nacional de Educação em Direitos Humanos", ambos geridos pelo Governo Federal, que têm como pressupostos a inclusão, o embate contra o preconceito e a discriminação e a celebração dos direitos humanos. Essas forças conjuntas têm estimulado ações no sentido de avanços no estado das políticas públicas contra a homofobia. (SILVA JUNIOR, 2009)

O termo homofobia tem sido usualmente empregado em relação a um conjunto de sentimentos negativos (tais como: abjeção, repulsa, animosidade, suspeita, ojeriza ou receio), que costumam provocar ou atrelar-se a intolerâncias e processos de exclusão e agressões contra sujeitos homossexuais e, de forma mais genérica, contra sujeitos cujas marcas de gênero não se coadunam com os arquétipos hierárquicos de masculinidade e feminilidade. A homofobia também opera além da agressividade e da marginalização, uma vez que ela se une a concepções e arcabouços hierarquizantes sexistas, que enxergam somente a heterossexualidade como norma. A condição heterossexual é fixada como exclusiva possibilidade legal de vivência, sendo a homossexualidade entendida como subversiva, bizarra, ilícita, patológica.

Para Borrillo (2001), o conceito de homofobia refere-se à conduta agressiva, cujo alvo são os(as) homossexuais, homens ou mulheres; essa conduta baseia-se na designação do "outro" como inferior, avesso ou anômalo, de modo que sua "diferença" o desloca para fora da natureza comum dos humanos. O liame dos afixos "fobia" e "homo" tem sido questionado por intelectuais, pesquisadores e militantes, por sugerir a impressão de que se trata de um dilema pessoal e psicológico do âmbito das neuroses particulares e das muitas fobias existentes. Essa acepção de fobia poderia, inclusive, ocasionar uma determinação de terapia individual para sujeitos homofóbicos, no campo da Psiquiatria ou da Psicologia.

Pesquisas brasileiras mostram a expansão desse grave problema, que se traduz no *bullying* homofóbico e suas consequências perversas. O estado de marginalização e rejeição a que são relegados os sujeitos que não correspondem ao modelo heterossexual é bem mais difundido do que se possa supor. No País, a violência por intolerância sexual extermina cerca de 150 pessoas por ano. De acordo com Junqueira (2007), o Brasil é o campeão mundial de homicídios contra os indivíduos cuja orientação sexual difere da sexualidade legitimada socialmente, uma vez que a estatística brasileira gira em torno de uma morte a cada três dias. Aliás, é importante admitir e estar cauteloso diante dos aspectos culturais e regionais que geram matizes distintas em relação ao nível de rejeição explícita ou latente desses sujeitos.

De acordo com dados compilados (e disponibilizados no *site*) pelo Grupo *Gay* da Bahia (GGB), no Brasil, de 1963 a 2001, 2.092 sujeitos foram dizimados pelo tolo motivo de serem homossexuais ou transgêneros. Em 2007, foram computadas 122 mortes homofóbicas, contra 107 no ano seguinte, sendo importante lembrar que esses dados são incompletos, porque faltam informações sobre alguns Estados e, além disso, muitos assassinatos de homossexuais não são noticiados pela mídia. Entretanto, não chega a 10% o número de assassinos de homossexuais que são presos.

Ainda de acordo com dados informados pelo GGB, relevantes pesquisas implementadas em vários países europeus e na América do Norte evidenciam que a constância do ímpeto de suicídio entre jovens é bem maior entre homossexuais. Nos Estados Unidos, 62,5% dos adolescentes que arriscam suicídio são homossexuais. Lá e no vizinho Canadá, sujeitos homossexuais entre 15 e 34 anos possuem de 4 a 7 vezes mais riscos de tentarem suicídio do que seus pares heterossexuais. Na França, país onde o suicídio é o segundo agente causador de mortes entre indivíduos de 15 a 34 anos, as expectativas de um(a) homossexual aniquilar sua vida são 13 vezes maiores do que as de um seu(sua) contemporâneo(a) heterossexual de mesma classe social.

Acrescentam-se, também, a esses dados os de que alunos(as) homossexuais sofrem, em média, 26 ofensas por dia, 80% de "grave retraimento social", 53% vivenciam atitudes homofóbicas por parte dos(as) docentes e da equipe gestora, 28% abandonam a escola sem conseguir o diploma (a desistência entre heterossexuais é de 11%), 19% são vítimas de violência física dentro da escola. Em 97% dos episódios, não há qualquer tipo de intervenção por parte do corpo docente, sendo que, em 40 Estados, educadores(as) podem ser exonerados(as), caso sejam homossexuais.

De maneira tênue, a homofobia permeia o dia a dia da população. Ela é acatada e doutrinada em vários ambientes sociais, incluindo instituições escolares, atravessando acepções curriculares e diretrizes pedagógicas. Mesmo com avanços de abordagens da literatura no campo educacional, a homofobia ainda se faz presente em atitudes e também em livros didáticos. Além disso, corporifica-se no momento da chamada, nas brincadeiras e nas piadas, aparentemente "inocentes" e até utilizadas como recurso didático. Atitudes homofóbicas fazem-se presentes ainda nos bilhetes de aparência despretensiosa, nas carteiras, quadras, portas, bem como na dificuldade do aluno acessar o banheiro. Atitudes dessa natureza geram muitas confusões nos recreios e no término das aulas e estão impregnadas na rotina de intimidações, escárnio e afrontas.

A homofobia é uma ferida social. De acordo com a plataforma virtual do Programa Nacional de DST e AIDS, a maior parte dos *gays* foi morta dentro de suas próprias casas, enquanto a maioria das travestis foi assassinada nas ruas. A baixa estatística de soluções para esses episódios pode ser um sinal de que esse tipo de homicídio é considerado como prática razoavelmente admissível, uma vez que se refere a indivíduos que são vistos, pelo senso comum, como pertencentes à condição marginal da sociedade, contrariando suas normas e princípios de moralidade. Inclusive, a disparidade social e os aspectos socioeconômicos têm influência relevante na configuração desse problema. (SILVA JUNIOR, 2009)

Carrara, Ramos e Caetano (2003) patenteiam, em sua pesquisa com 416 sujeitos homossexuais, que a maioria dos pesquisados já havia sido vítima de algum tipo de hostilidade impulsionada pela orientação sexual, como afrontas, empecilho para entrada em alguns estabelecimentos, expulsão de casa e conflitos na escola e no ambiente de trabalho.

Em pesquisa realizada pela Fundação Instituto de Pesquisas Econômicas (FIPE), a pedido do MEC/INEP, e divulgada em meados de 2009, constatou-se que 99,3% dos sujeitos, no ambiente escolar, são preconceituosos, sendo que 87,3% dos mais de 18,5 mil alunos(as), pais e mães, diretores(as), professores(as) e funcionários(as) entrevistados(as) demonstraram ter preconceito em relação a homossexuais.

No Brasil, 59,7% dos(as) docentes consideram a homossexualidade inaceitável. A mesma pesquisa informa que 12% de docentes em Belém, Recife e Salvador creem que a homossexualidade é uma patologia. O mesmo acontece com um percentual entre 14 e 17% em Brasília, Maceió, Porto Alegre, Rio de Janeiro e Goiânia e mais de 20% em Manaus e Fortaleza. Não gostariam de ter colegas de classe homossexuais 33,5% dos estudantes de sexo masculino de Belém e entre 40 e pouco mais de 42% no Rio de Janeiro, Recife, São Paulo, Goiânia, Porto Alegre e Fortaleza e mais de 44% em Maceió e Vitória. A frequência de pais de estudantes do sexo masculino que não gostariam que homossexuais se tornassem colegas de seus filhos variou de 17,4% no Distrito Federal a 60%

em Fortaleza e Recife. (UNESCO, 2004; ABRAMOVAY; CASTRO; SILVA, 2004)

Assinalam-se, ainda, diferenças de abordagem entre pais, estudantes e docentes e evidenciam-se intensas diferenças regionais, sem entretanto sinalizarem a desconstrução do preconceito ou afastarem sinais de homofobia, incluindo tratamento preconceituoso e violências vivenciadas por jovens tidos(as) como homossexuais, assim como diversas formas de exclusão que desrespeitam a dignidade humana e produzem angústia e subordinação. Compreende-se, portanto, que as atitudes homofóbicas podem oscilar, desde a violência física da hostilidade e do assassinato até a violência simbólica, quando se julga válido declarar que não se gostaria de ter um(a) colega ou um(a) aluno(a) homossexual.

A experiência circular dessas violências contra sujeitos homossexuais pode também ocasionar a homofobia internalizada, ou seja, a introjeção subjetiva de sentimentos negativos quanto à sua própria identidade sexual, que interpela o padrão determinista da heteronormatividade. Por isso, pode-se *reafirmar* que a homofobia está intrinsecamente associada à opressão da heteronormatividade, ou seja, à ideia de que a heterossexualidade é a norma, o que corresponde "[...] à obsessão com a sexualidade normalizante, por meio de discursos que descrevem a situação homossexual como desviante". (BRITZMAN, 1996, p. 79)

A normalização da sexualidade perpassa o cotidiano da escola e incide nos confrontos e nas negociações identitárias, justificando a homofobia. Parece plausível intuir que o que está em jogo na escola, quando a homossexualidade serve de pretexto para degradar, hostilizar e violentar os indivíduos que fogem do arquétipo hegemônico do masculino e do feminino, são os predicados do que é ser homem e do que é ser mulher. Na conjuntura homofóbica do Brasil, é relevante, então, pensar sobre a função socioeducacional da escola e sua relação com políticas sociais que almejam fomentar ações educativas para inclusão da diversidade de orientação sexual.

Destarte, é importante realçar que, a despeito de, desde a década de 1920, a lei brasileira oficializar a educação sexual nas escolas, houve intensa resistência, por diversos segmentos sociais, para sua implantação. Ainda na atualidade, essa resistência persiste e está dissolvida em boa parte da sociedade, que internalizou seus valores, até mesmo entre os(as) professores(as) que relutam em tratar o tema da sexualidade, já que, ao mesmo tempo em que esse assunto é compreendido e abordado sob o viés do impulso natural, é também interpretado como algo intimidador e nocivo, que necessita ser refreado e corrigido.

Recorda-se que, desde os anos 90, a preocupação com a prevenção da AIDS e da gravidez na adolescência inseriu-se nas escolas de modo mais evidente e sistematizado. Em 1997, o Governo Federal promulgou os Parâmetros Curriculares Nacionais, nos quais constava a deliberação de que a sexualidade fosse abordada como tema transversal (BRASIL, 2000). A ideia era a de que várias disciplinas agregassem o assunto de modo conectado com outros temas. No entanto, o tratamento alicerçado em uma ótica biologizante do sexo prosseguiu, sendo o debate sobre a diversidade de orientação sexual ainda incipiente ou, na melhor das hipóteses, relegado a segundo plano.

Uma das propostas do Programa "Brasil sem Homofobia" foi justamente impulsionar cursos de formação sobre a diversidade de orientação sexual dirigidos a professores(as), pretendendo abordá-la na perspectiva de direitos humanos, cujo desrespeito é potencializado por comportamentos homofóbicos, que alcançam a escola, lembrando-se o quanto, perversamente, se traduzem em chacotas, risos, piadas, isolamento, exclusão.

Espera-se que a instituição escolar, como espaço de formação, local onde se formam cidadãos e se estudam e consolidam direitos, reconheça o problema da discriminação gerada pela homofobia em suas salas de aula e perceba a necessidade de enfrentá-lo, no interesse de que sejam superadas a intolerância e a violência, que se multiplicam em sofrimento, silêncio, invisibilidade, medo e morte física e existencial.

Referências

ABRAMOVAY, M.; CASTRO, M. G.; SILVA, L. B. **Juventudes e sexualidade.** Brasília: UNESCO, 2004.

ALTMANN, H. Orientação sexual nos Parâmetros Curriculares Nacionais. **Revista Estudos Feministas**, Florianópolis, v. 9, p. 575-585, 2º sem. 2001.

BEAUVOIR, S. de. **O segundo sexo.** Fatos e mitos. 12 ed., Rio de Janeiro: Nova Fronteira, 1980.

BORRILLO, D. **Homofobia.** Barcelona: Ediciones Bellaterra, 2001.

BOZON, M.; HEILBORN, M. L. Lês caresses et lês mots, initiations amoureuses à Rio de Janeiro e Paris. **Terrain,** Paris, v. 27, p. 37-58, sept., 1999.

BRASIL. **Parâmetros curriculares nacionais:** ensino médio. Brasília: Ministério da Educação, 2000. Disponível em:<http://portal.mec.gov.br/seb/arquivos/pdf/blegais.pdf> Acesso em 5 maio, 2011.

_____. **Programa Ética e Cidadania:** construindo valores na escola e na sociedade: inclusão e exclusão. Brasília: Ministério da Educação, Secretaria de Educação Básica, 2007.

BRITZMAN, D. P. O que é essa coisa chamada amor: identidade homossexual, educação e currículo. **Revista Educação & Realidade**, Porto Alegre, v. 21, p. 71-96, jan./jun., 1996.

CARRARA, S.; RAMOS, S.; CAETANO, M. (coords.). **Política, direitos, violência e homossexualidade.** Rio de Janeiro: Pallas, 2003.

CHAUÍ, M. **Repressão sexual**. São Paulo: Brasiliense, 1991.

FERRARI, A.; MARQUES, L. P. **Silêncios e educação.** Juiz de Fora: EDUFJ, 2011.

FOUCAULT, M. **História da sexualidade:** a vontade de saber. Rio de Janeiro: Graal, 1988.

_____. **A microfísica do poder.** Rio de Janeiro: Graal, 1999.

_____. **História da sexualidade**: o cuidado de si. 9 ed. Rio de Janeiro: Graal, 2007.

_____. **Os anormais**. São Paulo: Martins Fontes, 2001.

GUIMARÃES, I. **Educação sexual na escola:** mito e realidade. São Paulo: Mercado de Letras, 1995.

HEILBORN, M.L. Construção de si, gênero e sexualidade. *In*: ______. **Sexualidade, o olhar das ciências sociais.** Rio de Janeiro: Zahar, 1999, p. 40-58.

JUNQUEIRA, R. Homofobia na escola: um problema de todos. *In*: ______. **Diversidade sexual na educação:** problematizações sobre a homofobia nas escolas. Brasília: Ministério da Educação, Secretaria de Educação Continuada, Alfabetização e Diversidade, UNESCO, 2009, p. 13-52.

______. O reconhecimento da diversidade sexual e a problematização da homofobia no contexto escolar. *In*: SEMINÁRIO SOBRE CORPO, GÊNERO E SEXUALIDADE, I. **Anais...** Porto Alegre, RS: FURG, 2007. I CDROOM.

KAAN, H. Psychopathia sexualis, 1844. Disponível em <http://digital.staatsbibliothek-berlin.de/dms/werkansicht/?PPN=PPN672719282&DMDID=DMDLOG_0000. Voss. pp. 124. http://digital.staatsbibliothek-berlin.de/dms/werkansicht/?PPN=PPN672719282

&DMDID=DMDLOG_000>. Acesso em 9 out. 2011.

KUPFER, M. C. M. **Freud e a educação:** mestre do impossível. São Paulo: Scipione, 2001.

LOURO, G. L. **Gênero, sexualidade e educação:** uma perspectiva pós-estruturalista. 2 ed., Petrópolis: Vozes, 1998.

______. Pedagogias da sexualidade. *In*: ______. **O corpo educado.** 2 ed. Belo Horizonte: Autêntica, 2000, p. 7-34.

LOYOLA, M. A. Sexo e sexualidade na antropologia. *In*: ______. **A sexualidade nas ciências humanas.** Rio de Janeiro: EDUERJ, 1998, p. 17-47.

MACKINNON, C. Marxism, feminism and the state: toward feminism jurisprudence. **Signs**: Journal of Women in Culture and Society. Chicago, v.7, n.5, p. 515-544, 1982.

MEYER, D. E. Gênero e educação: teoria e prática. *In*: LOURO, G. L.; NECKEL, J. F.; GOELLNER, S. V. (orgs.). **Corpo, gênero e sexualidade.** Um debate contemporâneo na educação. Petrópolis: Vozes, 2003, p. 9-27.

ORTNER, S.; WHITEHEAD, H. **Sexual meanings, the cultural construction of gender and sexuality.** Cambridge: University Press, 1980.

RUBIN, G. The traffic in women. Notes on the 'Political economy' of sex. *In*: REITTER, R. (org.). **Toward an anthropology of women.** New York: Monthly Review Press, 1975, p. 157-210.

SAYÃO, R. Saber o sexo? - os problemas de informação sexual e o papel da escola. *In*: AQUINO, J. G. (org.). **Sexualidade na escola:** alternativas teóricas e práticas. São Paulo: Summus, 2000, p. 97-115.

SILVA JUNIOR, J. A. da. **Rompendo a mordaça:** representações de professoras e professores do ensino médio. 2009. Tese (Doutorado em Educação) – Faculdade de Educação, Universidade de São Paulo, São Paulo, 2009.

SCOTT, J. Gênero: uma categoria útil de análise histórica. **Educação & Realidade,** Porto Alegre, RS. Número especial Mulher e Educação, v.15, p. 5-72, jul./dez., 1990.

SILVA, T. T. **Documentos de identidade:** uma introdução às teorias do currículo. 2 ed. Belo Horizonte: Autêntica, 2002.

UNESCO. **O perfil dos professores brasileiros:** o que fazem, o que pensam, o que almejam. São Paulo: Moderna, 2004.

VANCE, C. S. A antropologia redescobre a sexualidade: um comentário teórico. **Physis: Revista de Saúde Coletiva.** Rio de Janeiro, v. 5, n. 1, p. 7-31, 1995.

XAVIER FILHA, C. **Educação sexual na escola** – o dito e o não dito na relação cotidiana. Campo Grande: UFMS, 2000.

WEEKS, J. O corpo e a sexualidade. In: LOURO, G. L. (org.). **O corpo educado.** 2 ed. Belo Horizonte: Autêntica, 2000, p. 35-83.

Conheça também da

WAK Editora

ÉTICA E EDUCAÇÃO -
questões e reflexões

Joe Garcia (org.)

ISBN: 978-85-7854-184-2

EXPERIÊNCIAS COM A PALAVRA -
notas sobre linguagem e diferença

Carlos Skliar

ISBN: 978-85-7854-188-0

EXPERIÊNCIAS E DINÂMICAS DE INCLUSÃO -
um olhar comprometido e afetivo

Lucy Silva e
Regina Mara Conrado

ISBN: 978-85-7854-240-5

FAVORECENDO A INCLUSÃO
PELOS CAMINHOS DO CORAÇÃO

Maria Dolores Fortes Alves

ISBN: 978-85-7854-073-9

INCLUSÃO NA EDUCAÇÃO INFANTIL

Rogério Drago

ISBN: 978-85-7854-138-5

INCLUSÃO -
Muitos olhares, vários caminhos
e um grande desafio

Fátima Alves

ISBN: 978-85-88081-78-9

INCLUSÃO DA CRIANÇA COM AUTISMO NA EDUCAÇÃO INFANTIL - Trabalhando a mediação pedagógica

Fernanda de Araújo Binatti Chiote

ISBN: 978-85-7854-234-4

INCLUSÃO NA PRÁTICA, A - respeitando a diferença

Ana Cris Ferreira

ISBN: 978-85-7854-239-9

MÚLTIPLAS FACES DA INCLUSÃO

Selma Inês Campbell

ISBN: 978-85-7854-044-9